Handelsgesetze als Quelle des bürgerlichen Rechtes

Ein Beitrag zur Lehre von der Analogie

Von

Dr. Oskar Pisko
o. ö. Professor an der Universität Wien

Wien
Verlag von Julius Springer
1935

ISBN-13: 978-3-7091-9595-6 e-ISBN-13: 978-3-7091-9842-1
DOI: 10.1007/978-3-7091-9842-1

Vorwort.

Nicht die bekannte und viel besprochene Erscheinung, daß die Gesetzgebung Rechtssätze, die zuerst bloß für den Handel gegolten haben, später auf den allgemeinen Verkehr ausdehnt, bildet den Gegenstand dieser Schrift. Sie will vielmehr zeigen, daß Vorschriften des Handelsrechtes, auch wenn sie nicht durch ein *Gesetz* zu Normen des allgemeinen bürgerlichen Rechtes erhoben worden sind, als Quellen dieses wirken können. Eine solche Wirkung eignet nämlich dem Handelsrechte sehr häufig schon auf Grund der Regeln über die *Analogie*. Von der Möglichkeit, das Handelsrecht auch außerhalb seines sachlichen Geltungsbereiches analog anzuwenden, hat freilich Rechtsprechung und Rechtslehre bisher nur einen recht geringen Gebrauch gemacht. Das ist auf ein eingealtertes — wenn auch nicht immer offen ausgesprochenes — Vorurteil zurückzuführen, dem die erwähnte Analogie oft begegnet. Der Versuch, ihre grundsätzliche Zulässigkeit darzutun und ihre Voraussetzungen klarzustellen, bildet den Inhalt des „Allgemeinen Teiles". Die dort erörterten Fragen berühren zwei Probleme: das des Lückenbegriffes und das des Umkehrschlusses. Das erstgenannte Problem hat durch ZITELMANNS grundlegende Abhandlung „Lücken im Recht" (1903) und durch das spätere einschlägige Schrifttum eine nahezu restlose Lösung erfahren. Ich brauchte da nur gesicherte Ergebnisse der Rechtswissenschaft zusamenzufassen und konnte auf ihnen weiterbauen. Ein ganz anderes Bild bietet die Lehre vom Umkehrschluß: Schon seine Eignung zur Rechtsgewinnung ist stark umstritten, seine gedankliche Grundlage wird nicht immer richtig erkannt und sein Verhältnis zur Analogie oft unzutreffend beurteilt. Der aufgezeigte Stand der Lehre mag den etwas breiten Raum rechtfertigen, den in dieser Schrift die — mit ihrem Gegenstande in keinem unmittelbaren Zusammenhange stehenden — Ausführungen über den Umkehrschluß einnehmen. — Die Grundsätze, zu denen ich im allgemeinen Teile gelangt bin, habe ich in dem „Besonderen Teile" für das österreichische Recht verwertet. Eine Vollständigkeit habe ich bei der Besprechung der einzelnen Vorschriften des österreichischen Handelsgesetzbuches, die eine analoge Anwendung auf Nichtkaufleute und Nichthandelsgeschäfte gestatten, nicht angestrebt, noch weniger bei Hervorhebung der Vorschriften, die eine solche analoge Erweiterung nicht zulassen. Es war mir hauptsächlich darum zu tun, die Methode anzuzeigen, nach der auf dem Boden des österreichischen Rechtes darüber zu entscheiden ist, ob eine handelsrechtliche Vorschrift analog auf Tatbestände angewendet werden kann, die nicht dem Handel angehören. —

Die vorliegende Studie war als ein Beitrag für die Festgabe gedacht, die die juristische Fakultät der Universität Basel im Jahre 1934 Herrn Professor Karl Wieland zu seinem siebenzigsten Geburtstag überreicht hat. Der begonnene „Beitrag" ist jedoch im Laufe der Arbeit zu einem selbständigen Büchlein angewachsen. Es soll ein verspäteter Festgruß sein, der dem großen Meister des Handelsrechtes von einem treuen Verehrer gebracht wird.

Wien, im September 1935.

Oskar Pisko.

Inhaltsverzeichnis.

Abkürzungen.

AdlCl. = Sammlung handelsrechtlicher Entscheidungen von ADLER und CLEMENS, fortgesetzt von FRIEDLÄNDER.

ALR. = Allgemeines preußisches Landrecht.

AmtlS. = Entscheidungen des k. k. Obersten Gerichtshofes in Zivil- und Justizverwaltungssachen.

B. = Bundesgesetzblatt.

DBGB. = Deutsches bürgerliches Gesetzbuch.

DHGB. = Deutsches Handelsgesetzbuch.

GlU. = Entscheidungen des k. k. Obersten Gerichtshofes, herausgegeben von GLASER und UNGER.

GlUNF. = GLASER-UNGER, neue Folge.

GZ. = Gerichtszeitung.

HHB. = Herrenhausbericht (Bericht der Herrenhauskommission über den Entwurf einer Novelle zum ABGB., Beil. 78 zu den sten. Prot. des Herrenhauses, 21. Session).

JBl. = Juristische Blätter.

OGH. = Oberster Gerichtshof.

OLG. = Oberlandesgericht.

OLGRspr. = Die Rechtsprechung der (deutschen) Oberlandesgerichte, herausgegeben von MUGDAN und FALKMANN.

PrEntw. = Entwurf eines Handelsgesetzbuches für die preußischen Staaten.

Prot. = Protokolle der Kommission zur Beratung eines allgem. deutschen HGB., herausgegeben von LUTZ.

R. = Reichsgesetzblatt.

RG. = Entscheidungen des deutschen Reichsgerichtes in Zivilsachen.

ROHG. = Entscheidungen des Reichsoberhandelsgerichtes.

Rspr. = „Rechtsprechung“ (Beilage zu den Mitteilungen des Verbandes österr. Banken und Bankiers).

SchwOR. = Schweizerisches Obligationenrecht vom 30. März 1911.

SZ. = Entscheidungen des österr. Obersten Gerichtshofes in Zivil- und Justizverwaltungssachen.

ZBl. = Zentralblatt für die juristische Praxis.

ZHR. = Zeitschrift für Handelsrecht.

Bloß mit dem Namen des Verfassers (Herausgebers) sind zitiert:

DÜRINGER-HACHENBURG = Das Handelsgesetzbuch vom 10. Mai 1897, 3. Aufl., unter Leitung von MAX HACHENBURG, erläutert von BING, BREIT, FLECHTHEIM, GEILER, HOENIGER, LEHMANN, WERNER.

EHRENZWEIG = System des österr. allgem. Privatrechtes von ARMIN EHRENZWEIG.

GOLDSCHMIDT = Handbuch des Handelsrechtes, von GOLDSCHMIDT, 2. Aufl. 1874.

HAHN = Kommentar zum allgem. deutschen Handelsgesetzbuch von FR. VON HAHN. I. Band (3. Aufl.) 1877; II. Band (2. Aufl.) 1874.

KLANG = Kommentar zum allgem. bürgerl. Gesetzbuche, herausgegeben von KLANG.

OFNER = Der Urentwurf und die Beratungsprotokolle zum ABGB., herausgegeben von OFNER.

STAUB[5] = Kommentar zum allgem. deutschen Handelsgesetzbuch von STAUB, 5. Auflage.

TUHR, BürgR. = Der allgemeine Teil des deutschen bürgerlichen Rechtes, von A. VON TUHR.

TUHR, SchwOR. = Allgemeiner Teil des Schweizerischen Obligationenrechtes, von A. VON TUHR.

ZEILLER = Kommentar über das allgemeine bürgerliche Gesetzbuch von ZEILLER.

§ 1.

Einleitung.

Wiederholt sind Vorschriften, die ursprünglich bloß für den Handelsverkehr gegeben waren, später in das allgemeine bürgerliche Recht aufgenommen worden. Im Schrifttum ist diese Erscheinung häufig und eingehend besprochen worden; sie wird als Kommerzialisierung des bürgerlichen Rechts bezeichnet. So oft das bürgerliche Recht eine Kommerzialisierung erfahren hat, dankt es sie der Erkenntnis, daß der Rechtsgrund der handelsrechtlichen Vorschrift ganz unabhängig von den Momenten ist, die ihre Zugehörigkeit zum Handelsrechte begründen, daß also die Vorschrift auch eine für das allgemeine bürgerliche Recht geeignete Regel enthält. Nicht immer ist aber auch der *Gesetzgeber* zu dieser Erkenntnis gelangt; oft hat ihm auch die Gelegenheit gefehlt, aus der erlangten Erkenntnis die entsprechenden Konsequenzen zu ziehen. Dann entsteht für die Rechtsanwendung die Frage, ob sie berufen ist, die als unbegründet erkannte Verschiedenheit zwischen Handels- und Zivilgesetzgebung auszugleichen, ob die handelsrechtliche Vorschrift nicht eine *analoge* Anwendung außerhalb des sachlichen Geltungsgebietes des Handelsrechts zuläßt. — Eine Erörterung hat diese Frage nur in zwei kleinen Aufsätzen aus dem Jahre 1863 (Busch,[1] Brauer[2]) und in Otto Schreibers scharfsinniger Abhandlung über „Gemischte Verträge im Reichsschuldrecht"[3] (1912) erfahren. Sonst besteht das Material, das das Schrifttum bietet, nur aus kurzen Bemerkungen, mit denen einige Handbücher und Kommentare des Handelsrechts der erwähnten Frage gedenken.

Das Handelsrecht gilt für Kaufleute, Handelsgeschäfte und Handelssachen. Eben diese Beschränkung des sachlichen Geltungsbereiches einer Vorschrift begründet ihre Zugehörigkeit zum Handelsrechte. Der Begriff der Handelssache ist aber kein von den Begriffen des Kaufmanns und des Handelsgeschäftes unabhängiger, sondern ein aus diesen

[1] Archiv f. Theorie u. Praxis des deutschen Handels- u. Wechselrechtes, 1 S. 13.

[2] Ebenda S. 113.

[3] Iherings J., 60 S. 106ff. Dem hier behandelten Gegenstande sind die Ausführungen auf S. 167 bis 173 gewidmet.

Grundbegriffen abgeleiteter Begriff. Denn eine Handelssache im materiellrechtlichen Sinn,[4] im Sinne der Artt. 1, 9, 34 HGB., ist nur ein Tatbestand, der irgendeine Beziehung zu einem Kaufmann oder einem Handelsgeschäft aufweist.[5] Im sachlichen Geltungsbereiche des Handelsrechts liegen also nur Tatbestände, die wenigstens mittelbar das Moment der Kaufmanns- oder Handelsgeschäftseigenschaft in sich schließen. Die Frage, ob eine analoge Anwendung des Handelsrechts außerhalb seines sachlichen Geltungsgebietes möglich ist, läßt sich daher dahin fassen — und dadurch inhaltlich näher bestimmen —, ob das Handelsrecht eine analoge Anwendung auf Tatbestände zuläßt, die des Elements der Kaufmannseigenschaft einer bestimmten Person oder der Handelsgeschäftseigenschaft einer bestimmten Rechtshandlung entbehren. Die Frage kann nur bezüglich solcher Vorschriften gestellt werden, die Regeln für Kaufleute, Handelsgeschäfte oder Handelssachen geben, also die Kaufmanns- oder Handelsgeschäftseigenschaft unmittelbar oder mittelbar zu einem Elemente des *Tatbestandes* der angeordneten Rechtsfolge machen. Dem Handelsrecht müssen allerdings auch die Vorschriften zugerechnet werden, die den Begriff des Kaufmanns und des Handelsgeschäftes und damit den Umfang der sachlichen Geltung des Handelsrechts bestimmen, die also an einen bestimmten Tatbestand die *Rechtsfolge* der Kaufmanns- oder Handelsgeschäftseigenschaft knüpfen. Aber die Frage, ob diese Vorschriften eine analoge Anwendung auf andere als die unmittelbar getroffenen Tatbestände zulassen, hat eine ganz andere Bedeutung als die Frage, die den Gegenstand dieser Untersuchung bildet. Denn eine Erweiterung des Kaufmanns- und Handelsgeschäftsbegriffes durch eine analoge Ausdehnung der diese Begriffe bestimmenden Vorschriften würde auch das Geltungsgebiet des Handelsrechts erweitern, also nicht dazu führen, daß handelsrechtliche Vorschriften auf Tatbestände Anwendung finden, die außerhalb des Geltungsgebietes des Handelsrechts liegen, d. h. des Elements der Kaufmanns- oder Handelsgeschäftseigenschaft entbehren. Die erwähnte Analogie ist übrigens gewiß nicht zulässig,[6] besser gesagt: überhaupt gar nicht möglich. Sie würde ja die Erkenntnis voraussetzen, daß die ratio sämtlicher gar nicht übersehbarer Vorschriften, die eine Rechtsfolge an die Kaufmanns- oder Handelsgeschäftseigenschaft binden, auch für andere Tatbestände zutrifft als diejenigen, die nach dem Gesetz eine Person zum Kaufmann und ein Geschäft zum Handelsgeschäft machen. Schon aus der Unmöglichkeit

---

[4] Verschieden von dem materiellrechtlichen Begriff der Handelssache ist der dem § 39 EGHGB. und dem § 51 JN. zugrunde liegende — hier nicht weiter interessierende — prozessuale Begriff der Handelssache (s. Staub-Pisko[3], § 3 zu Art. 1).

[5] Siehe Staub-Pisko[3], § 1 und 2 zu Art. 1.

[6] Vgl. Staub-Pisko[3], II S. 1.

einer solchen Feststellung ergibt sich, daß die Vorschriften, die den Begriff des Kaufmanns und des Handelsgeschäftes bestimmen, „starre“, keiner analogen Anwendung fähige Normen enthalten.[7] In den folgenden Ausführungen werden denn auch die — der Kürze halber gebrauchten — Ausdrücke „Handelsrecht“, „handelsrechtliche Vorschriften“ und „Handelsgesetze“ nur auf Vorschriften bezogen, die die Kaufmannseigenschaft einer Person oder die Handelsgeschäftseigenschaft einer Rechtshandlung *voraussetzen*, die an das Vorhandensein der einen oder der anderen Eigenschaft eine bestimmte Rechtsfolge knüpfen. Keine solchen Vorschriften enthalten die Gesetze, die Vereinigungen regeln, denen schon auf Grund ihrer Rechtsform, sohin ohne Rücksicht auf Gegenstand, Art und Umfang des Unternehmens Kaufmannseigenschaft zukommt, also das Gesetz über Gesellschaften mit beschränkter Haftung, das deutsche Genossenschaftsgesetz (s. § 17 II d. G.) und das Aktienrecht des deutschen HGB. Dasselbe gilt von dem Handelsagentengesetze vom 24. Juni 1921 B. 348 und dem Gesetze vom 28. April 1889 R. 64 „betr. die Errichtung und den Betrieb öffentlicher Lagerhäuser“, obwohl § 1 HAgG. dem Handelsagenten — ohne Rücksicht darauf, ob die Voraussetzungen des Art. 4 HGB. vorliegen — Kaufmannseigenschaft beilegt und § 6 LHG. die Geschäfte der öffentlichen Lagerhäuser als Handelsgeschäfte und — freilich ganz überflüssig — die Lagerhausunternehmungen als Kaufleute erklärt. Die Kaufmanns- bzw. Handelsgeschäftseigenschaft bildet hier kein Element des geregelten Tatbestandes, keine Voraussetzung der angeordneten Rechtsfolge, sondern selbst eine Rechtsfolge, die das Gesetz an den vorgesehenen Tatbestand knüpft.[8] Gewiß kann auch die Frage nach einer analogen Ausdehnung der genannten Gesetze auf andere die Rechtsfolge der Kaufmanns- oder Handelsgeschäftseigenschaft nicht begründende Tatbestände auftauchen. So entsteht die Frage, welche Bestimmungen des GmbHG. auf andere nicht besonders geregelte Vereinigungen analog angewendet werden können, ob und in welchem Umfange das LGH. eine analoge Anwendung auf Geschäfte privater Lagerhäuser zuläßt, ob das HAgG. eine analoge Anwendung auf sogenannte Kommissionsagenten, das ist auf Personen zuläßt, die zwar ständig für einen anderen Geschäfte abschließen, aber in eigenem Namen daher durch die Begriffsbestimmung des § 1 HAgG. nicht getroffen werden und auch nicht immer als Kommissionäre im Sinne des Art. 360 HGB. Kaufmannseigenschaft auf Grund des Art. 272 Z. 3 genießen. Bei diesen Fragen handelt es sich aber nicht um die den Gegenstand der folgenden Untersuchung bildende Frage, ob eine Vorschrift, die in den Tatbestand der angeordneten Rechtsfolge das Element der Kaufmanns- oder Handelsgeschäftseigenschaft aufnimmt, eine analoge An-

[7] Vgl. hierzu unten § 4.
[8] Vgl. hierzu unten S. 89 N. 5.

wendung auf Tatbestände zuläßt, denen dieses Element fehlt. Keinen Raum für diese Frage bieten auch solche Vorschriften, die zwar in einem Handelsgesetzbuch enthalten sind und aus diesem Grunde häufig dem Handelsrecht zugerechnet werden,[9] die jedoch die angeordnete Rechtsfolge an einen Tatbestand knüpfen, der weder das Element der Kaufmannseigenschaft noch das der Handelsgeschäfteigenschaft enthält. Das deutsche HGB. gibt in seinem vierten Buche („Seehandel") derartige Vorschriften.[10] Sie finden sich vereinzelt auch in den drei ersten Büchern und ebenso in dem in Österreich geltenden HGB.[10a]

Der dem *Badischen Landrecht* angeschlossene „Anhang von den Handelsgesetzen", eine im Jahre 1810 als Gesetz kundgemachte Umarbeitung des Code de commerce, hatte in den eingeschalteten Art. 1b bestimmt: „Die Gesetze über Handelssachen, wo sie Abweichungen von den bürgerlichen Gesetzen aussprechen, geben in Handelssachen auch Rechtsähnlichkeit für unausgedrückte Fälle; außer Handelssachen hingegen dienen nur jene Gesetze des Handelsgesetzbuches zur Rechtsähnlichkeit, welche mit den Grundsätzen des bürgerlichen Gesetzbuches im Einklange sind."

Der *Entwurf eines Handelsgesetzbuches für das Königreich Württemberg* (1839) wollte mit der Vorschrift, daß in Handelssachen, „wo der Buchstabe" — gemeint war: der Buchstabe des Handelsgesetzbuches — „nicht entscheidet, Rechtsähnlichkeit gilt" (Art. 1 II), nach Inhalt der Motive[11] dasselbe sagen wie der erste Satz der oben mitgeteilten Bestimmung des Badischen Handelsrechts. Eine dem zweiten Satze entsprechende ausdrückliche Vorschrift wurde zwar in den Württembergischen Entwurf nicht aufgenommen, jedoch bemerken die Motive: „Dagegen aber kann man sich in Zivilsachen nicht auf die Analogie des Handelsrechts berufen und es erscheint überflüssig, wenn das Badische Handelsgesetzbuch hinzufügt, daß die Berufung soweit gestattet sei, als die Sätze des Handelsgesetzbuches mit den Grundsätzen der bürgerlichen Gesetzgebung im Einklang stehen."

Die aufgezeigte ablehnende Stellung, die die deutsche Partikulargesetzgebung gegen eine analoge Anwendung des Handelsrechts auf Rechtsverhältnisse des bürgerlichen Rechts eingenommen hatte, entsprach ganz der Auffassung der Rechtslehre: Zwar wurde — ebenso wie auch heute —

---

[9] Siehe aber Wieland: Handelsrecht, I, S. 156.

[10] Vgl. Ehrenberg in seinem Handb. d. Handelsrechts, I, S. 20, 25.

[10a] Ein zweifelsfreies Beispiel bietet Art. 305, der bestimmte Regeln des Wechselrechtes auch auf *alle* Papiere ausdehnt, denen etwa ein Landesdie Indossobalität verleiht.

[11] „Entwurf eines HGB. des Königreichs Württemberg mit Motiven", II S. 14.

allgemein eine analoge Anwendung handelsrechtlicher Vorschriften auf Handelssachen für zulässig erachtet.[12] Dagegen ist die Möglichkeit einer Analogie außerhalb des Handelsrechts, entweder vorbehaltlos[13] oder — wenn auch unter Einräumung gewisser Ausnahmen — doch grundsätzlich[14] verneint worden. Diese Ansicht ist die längste Zeit ganz unangefochten geblieben. Auch SCHREIBER[15] vermeint anscheinend noch auf ihrem Boden zu stehen, wenn er lehrt, daß „Rechtssätze des Handelsrechts der analogen Anwendung auf nicht handelsrechtliche Tatbestände *insoweit* fähig sind als die Zugehörigkeit zum Handel ihren Inhalt nicht rechtsgestaltend beeinflußt hat". Damit ist aber in Wahrheit nicht eine Ausnahme von dem vermeintlichen Grundsatz der Unzulässigkeit einer analogen Ausdehnung des Handelsrechts auf Nichthandelssachen, sondern der entgegengesetzte Grundsatz ausgesprochen. Denn die Frage der erwähnten Analogie kann ja nur auftauchen, wenn die Zugehörigkeit eines im Handelsrechte geregelten Tatbestandes zum Handel die handelsrechtliche Regel „nicht rechtsgestaltend beeinflußt hat". Andernfalls fehlt es ja an der — eine Voraussetzung jeder Analogie bildenden — Rechtsähnlichkeit der Tatbestände. Schon vor Erscheinen der eben angeführten Abhandlung SCHREIBERS haben manche Schriftsteller, ohne zu der Frage, ob das Handelsrecht einer analogen Anwendung außerhalb seines Geltungsgebietes fähig ist, grundsätzlich Stellung zu nehmen, in einzelnen Fällen zu einer solchen Analogie gegriffen.[16] Ebenso hat die Rechtsprechung zuweilen handelsrechtliche Vorschriften analog auf Nichthandelssachen angewendet.[17] Aber auch von den Entscheidungen, die eine solche Analogie ablehnen, verneinen nur wenige ihre grundsätzliche Zulässigkeit. Eine solche Verneinung drückt z. B. die E. des deutschen RG. v. 14. Juni 1904[18] aus, die die Ablehnung der analogen Anwendung der (dem Art. 368 II HGB. entsprechenden) Bestimmung des § 392 II DHBG. auf andere Mandatsverhältnisse damit begründet, daß die erwähnte Vorschrift „eine Sonderbestimmung" ist,

---

[12] Siehe z. B.: MITTERMAIER, ArchZivPr., 26 S. 118; GOLDSCHMIDT: Handb., I S. 373; HAHN: Komm. §§ 3 und 11 zu Art. I; BEHREND: Lehrbuch des Handelsrechts, § 17 N. 4; STAUB[5]: § 3 zu Art. I; STAUB-BONDI (1932), Allgemeine Einleitung, Anm. 17; LEHMANN-HOENIGER: Lehrbuch, I S. 33.

[13] BUSCH in der in N. 1 angeführten Abhandlung, GOLDSCHMIDT a. a. O. S. 374 N. 13 a. E., HAHN a. a. O.

[14] BRAUER in der oben N. 2 angeführten Abhandlung.

[15] A. a. O.

[16] Z. B. HOENIGER (Die gemischten Verträge in ihren Grundformen, S. 9, 12) und EHRENZWEIG (bei KRAINZ-EHRENZWEIG, § 374 N. 17), der jetzt in seinem System d. allg. österr. PrivR. häufig (§ 113 N. 16, § 320 N. 21b, § 323 N. 76) von dieser Analogie Gebrauch macht.

[17] Beispiele bieten die noch in anderen Zusammenhang zu erwähnenden Entsch. d. OGH. v. 17. II. 20, SZ. II/12, und v. 29. V. 22, ZBl. 41, Nr. 202.

[18] RG. 58, 277; s. hierzu unten S. 67 ff.

„die bloß für den durch die §§ 383, 406 bestimmten Kreis von Geschäften gilt“. Dieselbe Auffassung lassen die Gründe der E. des OGH. v. 30. Nov. 1890[19] erkennen, die außerhalb des Geltungsbereiches des HGB. eine präsumptive Inkassovollmacht des Überbringers einer Quittung (s. Art. 296 HGB.) verneinen. Von der Ansicht, daß handelsrechtliche Vorschriften überhaupt keiner analogen Anwendung auf Rechtsverhältnisse des bürgerlichen Rechts fähig sind, geht anscheinend auch die ins Spr. Rep. (Nr. 177) eingetragene E. v. 7. Febr. 1905 (AmtlS. 765) aus: Dort wurde die Zulässigkeit einer analogen Anwendung des — inzwischen aufgehobenen — Art. 61 HGB. (sechswöchige Kündigung) auf Personen ausgesprochen, die zwar keine kaufmännischen Dienste leisten, daher nicht unter die Vorschrift des Art. 61 fielen, aber zur Leistung von höheren Diensten „in einem *Handels*gewerbe angestellt sind“. Das Bedürfnis nach einer — heute angesichts des gesetzlichen Ausbaus des Dienstrechts gegenstandslosen — analogen Anwendung der genannten Bestimmung des HGB. bestand aber damals auch für Dienstverhältnisse in anderen als gerade handelsgewerblichen Betrieben.[20] In den meisten Fällen begründen die Gerichte die Ablehnung der Analogie — wenn auch nicht immer mit Recht — mit dem Mangel einer Lücke[21] oder dem der Rechtsähnlichkeit der Tatbestände.[22]

---

[19] GlU. 13457; s. hierzu unten S. 103.

[20] KRAINZ-EHRENZWEIG[4] a. a. O.

[21] Siehe z. B. GlUNF. 1098.

[22] Siehe z. B.: RG. 84, 216; OGH. v. 23. I. 1920, ZBl. 38, Nr. 75; 8. VI. 32, SZ. XIV/121, anscheinend auch GlUNF. 7122.

Allgemeiner Teil.

Die Frage nach der Möglichkeit einer analogen Anwendung des Handelsrechtes auf handelsfremde Tatbestände. Die Voraussetzungen einer solchen Analogie.

Erster Abschnitt.

Grundsätzliche Eignung handelsrechtlicher Vorschriften zur analogen Anwendung außerhalb des Handelsrechtes. Besondere Umstände, die eine solche Eignung ausschließen können.

Erstes Kapitel.

§ 2.

Die angebliche Unzulässigkeit einer analogen Ausdehnung von Ausnahmsvorschriften und von Normen des Sonderrechtes (ius singulare).

1. Mit der Behauptung, daß das Handelsrecht keine analoge Anwendung auf Nichthandelssachen zuläßt, wird nur ein Folgesatz eines angeblichen allgemeinen Grundsatzes ausgesprochen. Die längste Zeit wurde nämlich gelehrt, daß Ausnahmsvorschriften und Rechtssätze des Sonderrechts, des ius singulare, keiner analogen Erweiterung fähig sind.

Die Worte „*Ausnahme*" und „*Ausnahmsvorschrift*" sind mehrdeutig:[1] Sie werden einmal auf alle Vorschriften bezogen, die einen besonderen Fall des weiteren Tatbestandes einer anderen Vorschrift abweichend von dieser regeln. Die Bezeichnung solcher Vorschriften als Ausnahmsvorschriften enthält also eine Aussage über ihr logisches Verhältnis zu bestimmten anderen Vorschriften, die Aussage, daß sie *diesen* gegenüber als Ausnahme erscheinen. Vorschriften, auf die diese Aussage zutrifft, die eine in einer anderen Vorschrift aufgestellte Regel für einen bestimmten Fall durchbrechen, kann man als *relative* Ausnahmsvorschriften oder auch — mit Heck[2] — als „*Ausnahmen in logischem Sinne*" bezeichnen. Die oben erwähnten Ausdrücke werden aber auch in einem anderen Sinne gebraucht: Man drückt mit der Bezeichnung einer Vorschrift als

---

[1] S. hierüber: Heck: Gesetzesauslegung und Interessenjurisprudenz, S. 186ff.; Friedrichs: Artikel „Ausnahmen" im Handwörterb. d. Rechtswissenschaft, I S. 453, und „Der allgemeine Teil des Rechts", S. 190ff.

[2] A. a. O. S. 187.

Ausnahmsvorschrift das Urteil aus, daß die von ihr ausgesprochene Norm nur für den von ihr vorgesehenen Tatbestand gilt. Man kann Vorschriften, die eine solche Norm enthalten, den Vorschriften, die zu einer bestimmten anderen Vorschrift im logischen Verhältnis der Ausnahme zur Regel stehen, deren Ausnahmscharakter also ein bloß relativer ist, als *absolute* Ausnahmsvorschriften gegenüberstellen, sie aber auch — in Anschluß an HECK[3] — als Ausnahmen in „*normativem Sinne*" bezeichnen. Das Urteil, daß eine Vorschrift, die das Gesetz nicht selbst als Ausnahme erklärt,[4] den Charakter einer absoluten Ausnahmsvorschrift trägt, daß sie eine Ausnahme in normativem Sinne enthält, setzt aber — auf dem Boden einer Rechtsordnung die überhaupt auch eine Rechtsfindung im Wege der Analogie gestattet — die bereits gewonnene Erkenntnis voraus, daß die Vorschrift auf andere Tatbestände infolge eines ausdrücklichen Analogieverbotes oder aus anderen Gründen auch nicht analog angewendet werden kann. Daher würde der Satz, daß Ausnahmsvorschriften keine analoge Erweiterung zulassen, bezogen auf Ausnahmen in normativem Sinne, nichts anderes sagen, als daß die Analogie unzulässig ist, wenn der Mangel ihrer Voraussetzungen feststeht. Die Lehre wollte gewiß nicht diese platte Selbstverständlichkeit aussprechen, wenn sie die Möglichkeit einer analogen Anwendung von Ausnahmsvorschriften verneint. Der Satz, daß Ausnahmsvorschriften keine analoge Anwendung zulassen, muß vielmehr auf Ausnahmsvorschriften in relativem Sinn bezogen werden; er läuft darauf hinaus, daß solche Vorschriften auch eine Ausnahme in normativem Sinne anordnen.

Unter *Sonderrecht*, unter *jus singulare*,[5] werden gewöhnlich Vorschriften verstanden, die für bestimmte Klassen von Personen, Sachen, Rechtsgeschäften und Rechtsverhältnissen eine im gemeinen Rechte nicht enthaltene Regel aufstellen. Diesen Vorschriften wollte die Lehre allerdings nicht die Fähigkeit einer analogen Erweiterung überhaupt absprechen, sondern — obwohl diese Beschränkung nicht immer deutlich zum Ausdruck kam[6] — nur die Fähigkeit einer analogen Erweiterung auf andere Personen, Sachen usw. — Die Aussage, daß eine Vorschrift dem Sonderrecht, dem ius singulare, angehört, bezieht sich — wie gezeigt — nicht auf das Verhältnis der Vorschrift zu einer anderen Vorschrift,

---

[3] A. a. O.

[4] S. hierüber unten S. 13.

[5] Die beiden Ausdrücke werden meistens in demselben Sinne gebraucht. Zuweilen wird aber unter „ius singulare" nur das Sonderrecht verstanden, das ein allgemeines Rechtsprinzip durchbricht (s. aus neuerer Zeit ENNECCERUS: Lehrb. d. bürgerl. Rechts, § 44). Eine scharfe Grenzlinie ist aber mit der Aufstellung dieses Merkmals nicht gewonnen (s. REGELSBERGER: Streifzüge in das Zivilrecht, S. 58).

[6] REGELSBERGER a. a. O.

sondern auf den Inhalt des Tatbestandes; sie drückt aus, daß die Zugehörigkeit einer Person, einer Sache usw. zu einer bestimmten Klasse ein Element des Tatbestandes bildet. Dieses Tatbestandselement ist nicht bei allen Vorschriften anzutreffen, die Ausnahmen von einer in einer anderen Vorschrift ausgesprochenen Regel anordnen. Keineswegs enthalten alle Vorschriften, die man in Hinblick auf ihr Verhältnis zu anderen Normen als Ausnahmsvorschriften, also als Ausnahmsvorschriften in relativem, in logischem Sinne, bezeichnen kann, auch Rechtssätze eines für bestimmte Klassen von Personen usw. gesetzten Sonderrechts. So bildet sowohl die Vorschrift, daß Handelsgeschäfte wegen Verletzung über die Hälfte nicht angefochten werden können (Art. 286 HGB.) als auch die Vorschrift, daß dieser Rechtsbehelf nicht Platz greift, wenn der Verkürzte darauf verzichtet hat (§ 935 ABGB.), eine Ausnahme gegenüber der Regel des § 934 ABGB. Als ein Rechtssatz des Sonderrechts kann aber nur die ersterwähnte Ausnahmsvorschrift bezeichnet werden, nicht auch die zweite. — In den Vorschriften des Sonderrechts sind dagegen fast immer auch relative Ausnahmsvorschriften zu finden, nämlich Ausnahmsvorschriften gegenüber dem allgemeinen Rechte, dessen Regeln durch das Sonderrecht für eine bestimmte Klasse von Personen usw. durchbrochen werden. Bloß in den seltenen Fällen, in denen ein Tatbestand zwar für bestimmte Klassen von Personen usw. geregelt ist, dem Gesetz aber eine allgemeine Norm über diesen Tatbestand überhaupt nicht entnommen werden kann, das gemeine Recht also bezüglich dieses Tatbestandes eine echte, eine logische Lücke aufweist,[7] fehlt der Vorschrift des Sonderrechts der Charakter einer relativen Ausnahmsvorschrift. In den erwähnten Fällen gibt es eben keine Vorschrift, die eine von der Vorschrift des Sonderrechts durchbrochene Regel enthält.

Die im Handelsrechte geregelten Tatbestände werden — von den seltenen Fällen einer logischen Lücke des Gesetzes abgesehen — auch von einer Vorschrift des bürgerlichen Rechts erfaßt. Die dort ausgesprochene Regel wird vom Handelsrecht für den Fall durchbrochen, daß zu dem im bürgerlichen Rechte vorgesehenen Tatbestand noch das Moment der Kaufmannseigenschaft einer Person oder der Handelsgeschäftseigenschaft einer Rechtshandlung tritt. Das Verhältnis der Vorschriften des Handelsrechts zu denen des bürgerlichen Rechts ist daher logisch das der Ausnahme zur Regel. Die Vorschriften des Handelsrechts erscheinen also, vom Standpunkt des bürgerlichen Rechts aus betrachtet, im Hinblick auf das aufgezeigte logische Verhältnis zu diesem als Ausnahmsvorschriften.[8] Sie gehören aber, da sie nur Regeln für

---

[7] S. unten S. 35.

[8] Die Schriftsteller, die dem Handelsrechte den Charakter eines Ausnahmsrechts absprechen (Goldschmidt, I, S. 364; Behrend a. a. O. S. 73; Hahn, § 11 zu Art. 1), wollen damit nur den Gedanken ausdrücken, daß das

bestimmte Klassen von Personen, nämlich für Kaufleute, oder von Geschäften, nämlich für Handelsgeschäfte, enthalten, auch dem Sonderrecht an. Eine analoge Anwendung des Handelsrechts auf Nichtkaufleute und Nichthandelsgeschäfte ist aber weder durch den einen, noch durch den anderen Charakter seiner Vorschriften ausgeschlossen. Die oben wiedergegebene Lehre, die zu einer Ablehnung dieser Analogie führen mußte und auch geführt hat, ist nämlich unhaltbar; sie wird auch im neueren Schrifttum nahezu einmütig[9] verworfen.[10]

1. Jede Vorschrift erscheint in logischem Sinn als Ausnahme, wenn man sie in Beziehung zu einer allgemeineren Norm bringt. Tatsächlich kann man aber fast jeder Vorschrift eine allgemeinere Norm gegenüberstellen.[11] Die Unzulässigkeit einer analogen Ausdehnung von Vorschriften, die eine allgemeine Regel durchbrechen, sich also dieser gegenüber als Ausnahmen darstellen, würde praktisch die Analogie fast ganz ausschließen. Die Analogie führt ja außerhalb der seltenen Fälle logischer Lücken immer dazu, daß man auf einen von einer allgemeinen — im Gesetz ausgesprochenen oder aus diesem abgeleiteten — Regel erfaßten Tatbestand statt dieser Regel eine Vorschrift anwendet, die einen rechtsähnlichen Tatbestand der allgemeinen Regel entzieht, also dieser gegenüber eine Ausnahme anordnet. Die Analogie besteht — mit anderen Worten ausgedrückt — fast immer darin, daß man aus einer Vorschrift, die im Verhältnis zu einer ihr gegenübergestellten allgemeinen Regel eine Ausnahme bildet, noch eine weitere Ausnahme (in logischem Sinn) von der allgemeinen Regel ableitet. So bildet z. B. die Vorschrift des § 1111 ABGB., daß der Bestandnehmer dem Bestandgeber auch für das Verschulden des Unterbestandnehmers haftet, eine Ausnahme von der Regel (§ 1313 ABGB.), daß niemand für fremde widerrechtliche Handlungen verantwortlich ist. Wir wenden aber ganz unbedenklich die Ausnahmsvorschrift des § 1111 analog auf den ebenfalls von der Regel des § 1313 getroffenen Fall an, daß nicht ein Untermieter, sondern ein Gast des Mieters die gemietete Wohnung beschädigt hat. Wir gehen hierbei von der berechtigten Annahme aus, daß der Gesetzgeber, der Beschädigungen durch den Untermieter der Regel des § 1313 entzieht, dieser auch Beschädigungen durch den Gast des Mieters entziehen will.

Handelsrecht auch eine ausdehnende Auslegung und eine analoge Anwendung innerhalb seines Geltungsbereiches zuläßt (s. oben S. 5).

[9] ZITELMANN: Lücken im Recht; RUMPF, Iherings J., 49 S. 420, und „Gesetz und Richter", S. 160; WÜSTENDORFER, ArchZivPr., 110, 312; REGELSBERGER, Iherings J., 58 S. 168; BRÜTT: Die Kunst der Rechtsanwendung, S. 79; HECK a. a. O. S. 186; WURZEL: Das juristische Denken², S. 76; EHRENZWEIG, § 18 u. a. m.

[10] Auch der OGH. hat in der E. v. 15. Okt. 27 SZ. IX/181 ausdrücklich ausgesprochen, daß auch aus Ausnahmsgesetzen ein Analogieschluß gezogen werden kann.

[11] HECK a. a. O. S. 188.

Man kann dem Gesagten zufolge die Unzulässigkeit einer analogen Anwendung des Handelsrechts nicht damit begründen, daß dessen Vorschriften den Charakter von Ausnahmsvorschriften tragen. Diese Begründung geht, wenn sie das Wort Ausnahmsvorschriften in relativem Sinn versteht, mit diesem Worte das logische Verhältnis einer handelsrechtlichen Vorschrift zu einer entgegenstehenden Regel des bürgerlichen Rechts bezeichnen will, von einem unrichtigen Obersatze aus; sie enthält wenn sie an Ausnahmen in normativem Sinne denkt, eine petitio prinzipii.[12]

2. Ebensowenig wie handelsrechtliche Vorschriften einer analogen Anwendung auf Nichthandelssachen deshalb unfähig sind, weil sie sich dem bürgerlichen Recht gegenüber als Ausnahmsvorschriften darstellen, läßt ·ich diese Unfähigkeit mit dem Momente begründen, das den Vorschriften des Handelsrechts den Charakter von Normen eines Sonderrechts, eines ius singulare, gibt. Eine Vorschrift erhält diesen Charakter — wie schon erwähnt — dadurch, daß sie für bestimmte Klassen von Personen, Geschäften usw. aufgestellt ist, daß also die Zugehörigkeit einer Person, eines Geschäftes usw. zu einer näher bezeichneten Klasse ein Element des Tatbestandes bildet. Ebenso wie irgendeinem anderen Tatbestandselemente kann auch dem eben genannten jede Erheblichkeit für die angeordnete Rechtsfolge fehlen. Die Analogie besteht aber darin, daß man eine Vorschrift auf einen Tatbestand anwendet, der zwar nicht von ihr getroffen ist, sich jedoch von dem getroffenen Tatbestand nur durch ein für die Rechtsfolge ganz gleichgültiges Element unterscheidet. Die Analogie beruht auf der Annahme, daß es angesichts der rechtlichen Unerheblichkeit des die beiden Tatbestände unterscheidenden Momentes dem Willen des Gesetzgebers entspricht, wenn man die für den einen Tatbestand gegebene Regel auch auf den andern anwendet. Es ist nun schlechthin nicht abzusehen, warum diese Annahme gerade dann nicht zutreffen soll, wenn das unterscheidende aber als rechtlich gleichgültig erkannte Tatbestandselement in der Zugehörigkeit einer Person, eines Geschäftes usw. zu einer besonderen Klasse besteht. — Eine analoge Anwendung von Sonderrechtsnormen auf andere Personen, Geschäfte usw. ist allerdings dann unzulässig, wenn die Zugehörigkeit einer Person,

[12] Eine solche enthalten die Gründe, aus denen der OGH. (GlU. 13457) für das bürgerliche Recht einen dem Art. 296 HGB. entsprechenden Rechtssatz verneint: Daß die Innehabung einer Quittung nach bürgerlichem Rechte nicht die Vermutung einer Inkassobefugnis des Quittungsinhabers begründet, geht nach Ansicht des OGH. „unzweifelhaft daraus hervor, daß die bezügliche Präsumtion als *Ausnahme* für Handelsgeschäfte erst in Art. 296 statuiert worden sei". Das ist aber eben die Frage, ob der Rechtssatz des Art. 296 HGB„ weil er dort bloß für Quittungen über Schulden aus Handelsgeschäften ausgesprochen ist, auch wirklich nur für solche Quittungen gilt (s. oben S. 8), ob Art. 296 wirklich eine auf Handelsgeschäfte beschränkte Ausnahme in normativem Sinne anordnet.

eines Geschäftes usw. zu einer bestimmten Klasse nicht nur ein Element des Tatbestandes, sondern auch das *rechtspolitische Motiv* der Vorschrift bildet. In einem solchen Falle ist ja die rechtliche Unerheblichkeit des erwähnten Tatbestandselements und daher die Rechtsähnlichkeit eines dieses Elements entbehrenden Tatbestandes jedenfalls vom Standpunkte der Auffassung des Gesetzgebers aus (s. unten § 5) zu verneinen. Der Satz, daß Vorschriften des Sonderrechts eine analoge Anwendung auf andere Personen, Sachen, Geschäfte usw. nicht zulassen, wird auch tatsächlich oft nur dahin verstanden,[13] daß diese Analogie dann nicht gestattet ist, wenn das besondere rechtspolitische Motiv der Sonderrechtsnorm für andere als die dort bezeichneten Klassen von Personen usw. nicht zutrifft. Das ist aber keine Ausnahme von den Regeln über die Analogie, sondern nur ein selbstverständlicher Folgesatz[14] aus diesen Regeln. — Der OGH. wendet, und zwar mit Recht, die Bestimmung des § 31 GutsAngG., daß auch dem ohne wichtigen Grund entlassenen Angestellten kein Anspruch auf weitere Naturalbezüge, sondern nur ein Anspruch auf einen Geldersatz für diese zusteht, auch auf Dienstverhältnisse an, die nicht unter das sachliche Geltungsgebiet des GutsAngG. fallen.[15] Der OGH. hat also gar kein Bedenken getragen, das GutsAngG., obwohl es ein Sonderrecht für bestimmte Klassen von Dienstgebern, nämlich für Inhaber land- und forstwirtschaftlicher Betriebe enthält, auf andere Klassen von Dienstgebern analog anzuwenden. Ebensowenig Bedenken bestehen aber gegen eine analoge Anwendung der für Kaufleute oder Handelsgeschäfte gegebenen handelsrechtlichen Vorschriften auf andere Klassen von Personen oder Geschäften.

Zweites Kapitel.

§ 3.

Der Umkehrschluß aus Handelsgesetzen als Hindernis der Analogie.

1. Eine gesetzliche Vorschrift kann neben der Regel, die sie für einen bestimmten Tatbestand gibt, gleichzeitig eine Beschränkung ihrer Geltung auf diesen Tatbestand und damit für andere Tatbestände die

---

[13] Vgl. hierzu REGELSBERGER: Streifzüge, S. 13.

[14] Als ein solcher wird in den Motiven zum Entwurfe des Sächsischen bürgerlichen Gesetzbuches (1863) auch die Bestimmung (§ 26) bezeichnet, daß „die Ausdehnung auf ähnliche Fälle“ nicht bei Gesetzen Platz greift, „welche aus besonderen, für einzelne Fälle bestehenden Gründen eine Ausnahme von allgemeinen Rechtssätzen enthalten“. Die Verfasser des deutschen BGB. haben die Aufnahme dieser Bestimmung mit der zutreffenden Begründung (Motive, I S. 17) abgelehnt, daß sie in ihrer „allgemeinen Fassung bedenklich sei“, dagegen „soweit sie richtig ist, etwas Selbstverständliches besage“.

[15] E. 2. Febr. 26 SZ. VIII/41.

entgegengesetzte Regel anordnen. Eine solche Anordnung schließt — soweit die Beschränkung und damit das Geltungsgebiet der durch sie angeordneten entgegengesetzten Regel reicht — eine analoge Anwendung aus. Denn einer Norm, die zufolge Anordnung des Gesetzes nur für bestimmte Tatbestände gelten soll, die also das Gesetz selbst als eine für bestimmte Tatbestände geltende Ausnahmsnorm erklärt, können natürlich andere Tatbestände auch nicht im Wege der Analogie unterworfen werden. Daher kann im Wege dieser ein dem Tatbestande der erklärten Ausnahmsnorm rechtsähnlicher Tatbestand auch nicht der Anwendung einer ihn etwa erfassenden allgemeinen Vorschrift entzogen werden. Der Umstand, daß ein Gesetz eine Vorschrift als Ausnahme erklärt, zeigt eben, daß eine entgegenstehende allgemeine Vorschrift wirklich eine Regel für alle Tatbestände bildet, die von ihr erfaßt und nicht durch die Ausnahmsvorschrift getroffen erscheinen.[1] Der Satz, daß Ausnahmsvorschriften keine Analogie zulassen, ist also dann richtig, aber freilich auch dann selbstverständlich, wenn man ihn — was aber im allgemeinen nicht geschieht —, auf Vorschriften bezieht, die der Gesetzgeber dadurch, daß er ihre Geltung auf den dort vorgesehenen Tatbestand beschränkt, als Ausnahmen erklärt. Denn diese Erklärung schließt eben, wie gezeigt, ein Analogieverbot in sich.

Eine Vorschrift, die mit der Regel, die sie aufstellt, gleichzeitig auch ihr Geltungsgebiet einschränkt, stellt einen „exponiblen Satz“ dar, enthält ein „exponibles Urteil“. Diese beiden von der älteren Logik[2] aufgestellten Begriffe entspringen der — freilich ganz abseits der Logik liegenden[3] — Erkenntnis, daß in einem Satze, dessen äußere Form bloß auf ein bejahendes Urteil weist, neben diesem gleichzeitig auch ein verneindendes ausgedrückt sein kann. Mit dem Ausdruck „exponibler Satz“ wird der die zwei Urteile zusammenfassende Satz bezeichnet, mit dem Ausdruck „exponibles Urteil“ das bejahende Urteil, das dieser Satz enthält. — Mit voller, jeden Zweifel ausschließenden Deutlichkeit wird der exponible Charakter eines Urteils dadurch ausgedrückt, daß sein Inhalt als eine Ausnahme bezeichnen wird, also z. B. dadurch, daß dem Urteilssubjekte das Wort „ausnahmsweise“, das Wort „nur“, „bloß“ oder eine gleichbedeutende einschränkende Partikel beigefügt wird.[4] Der Satz: „Nur der Weise ist glücklich“, enthält neben dem bejahenden Urteil, daß der Weise glücklich ist, auch das verneinende Urteil, daß ein Mensch, der nicht weise ist, auch nicht glücklich ist.[5]

[1] Es gelangt also hier der — viel mißbrauchte (vgl. Friedrichs, Handwörterb. der Rechtsw., I S. 453) — Satz zu Ehren, daß die Ausnahme die Regel bestätigt („exceptio firmat regulam“).

[2] S. insbesondere Kant: Logik, § 31, und dazu Sigwart: Logik, § 35, 1 e.

[3] Vgl. Kant a. a. O.

[4] Sigwart a. a. O.

[5] Sigwart a. a. O.

Bei der Zusammenfassung dieser beiden Urteile ist das vom Sprachgebrauch zu dieser Zusammenfassung geschaffene Mittel angewendet worden. Das verneinende Urteil erscheint also ebenso wie das bejahende *ausdrücklich* ausgesprochen. Der Gesetzgeber, der unter Anwendung eines der angeführten sprachlichen Mittel einer Vorschrift den Charakter eines exponiblen Urteils beilegt, spricht daher *ausdrücklich* aus, daß die Vorschrift für einen anderen als den von ihr vorgesehenen Tatbestand nicht gilt. Auch die Anwendung handelsrechtlicher Vorschriften ist ausgeschlossen, wenn das Gesetz diese etwa in der Überschrift als Ausnahme bezeichnet, oder mit der Bemerkung, daß für Kaufleute und für Handelsgeschäfte „nachstehende Ausnahmen" gelten sollen oder mit einer ähnlichen Bemerkung einleitet, ebenso wenn im Texte der Vorschrift dem Tatbestandselemente der Kaufmanns- oder Handelseigenschaft das Wort „nur", „bloß", „ausnahmsweise" o. dgl. beigefügt erscheint.

Der Wille, ein exponibles Urteil zu fällen, kann sich auch ohne Anwendung der angeführten spezifischen sprachlichen Mittel des Ausdruckes eines solchen Willens aus den Umständen ergeben. Es kann — mit anderen Worten gesprochen — das bejahende Urteil zwar auch ein verneinendes in sich schließen, aber ein verneinendes Urteil, das nicht wie das bejahende ausdrücklich, sondern nur *konkludent* erklärt wird. Eine solche Konkludenz kann sich z. B. bei schriftlich erklärten Urteilen aus der graphischen Hervorhebung (Sperrdruck, Unterstreichung usw.), bei mündlichen aus der besonderen Betonung eines bestimmten Wortes ergeben. Bei Urteilen, die eine Antwort auf eine bestimmte Frage enthalten, kann auch der Inhalt dieser die erwähnte Konkludenz begründen: Wer auf die Frage, ob er das Theater zu besuchen pflegt, antwortet, „ich gehe Sonntag ins Theater", will damit in der Regel sagen, daß er *nur* am Sonntag ins Theater geht, also an Werktagen das Theater nicht besucht. Dieselbe Antwort enthält dagegen keine solche Aussage, wenn mit ihr die Frage beantwortet wird, wie der Gefragte die Sonntage verbringt. — Auch einer Gesetzesvorschrift, also einer vom Gesetzgeber in Gesetzesform abgegebenen Erklärung kann ein nicht ausdrücklich im Gesetzeswortlaute ausgesprochener exponibler Charakter eignen. Besondere Umstände — sie sind freilich zum Teil von denen verschieden, die die exponible Natur anderer, nicht vom Gesetzgeber ausgehender Urteile erkennen lassen[6] — können den Schluß begründen, daß der Gesetzgeber mit der

[6] Selbstverständlich entfällt hier das oben angeführte, ein mündlich ausgesprochenes Urteil voraussetzende phonetische Erkenntnismittel. Tatsächlich fehlen aber auch meistens die oben erwähnten graphischen Erkenntnisbehelfe. Denn der Gesetzgeber macht vom Sperrdruck, der Unterstreichung und ähnlichen typographischen Mitteln des Gedankenausdruckes — hierbei einer wohlbegründeten Regel der Gesetzestechnik folgend — nur einen sehr spärlichen Gebrauch.

Vorschrift, die an den Tatbestand A die Rechtsfolge N knüpft, nicht bloß eine Regel für A aufstellen will, daß vielmehr die ausdrücklich ausgesprochene Erklärung „A ist N“ gleichzeitig die konkludente Erklärung enthält, daß *nur* A die Rechtsfolge N nach sich zieht, daß also die ausgesprochene Regel für andere Tatbestände nicht gelten soll. In der Aufdeckung dieses konkludent erklärten Rechtssatzes, in der gedanklichen Einschaltung des Wörtchens „nur“ oder eines anderen auf eine Beschränkung der Geltung des ausdrücklichen ausgesprochenen Rechtssatzes, also auf eine Ausnahme in normativem Sinne weisenden Wortes liegt — wie THÖL[7] überzeugend dagetan hat — die Denktätigkeit, die man als *argumentum a contrario* oder *Umkehrschluß* bezeichnet. Die Frage, ob einem Urteil ein nicht ausdrücklich ausgesprochener exponibler Charakter eignet, kann nicht mit Hilfe der Logik beantwortet werden.[8] Daher enthält auch der Umkehrschluß keine logische Operation. Alle Versuche, ihn einer solchen einzuordnen,[9] müssen notwendig scheitern. Es gibt eben schlechthin kein logisches Gesetz, das von dem Rechtssatze „A ist N“ zu dem Rechtssatze führt, daß non-A oder irgendein non-A nicht N ist. Der Umkehrschluß steht aber anderseits auch mit keinem Gesetze der Logik in Widerspruch: Er enthält weder eine unzulässige Urteilsumkehrung,[10] noch ist er deshalb „genau genommen unlogisch“[11], weil er gegen das logische Gesetz „unius positio non est alterius negatio“ verstößt. Der Umkehrschluß geht ja von der Annahme aus, daß der Gesetzessatz „A ist N“ — angesichts der konkludenten Erklärung, die auch in diesem Satze ausgedrückt erscheint — nicht bloß die Position eines Unum enthält. — Der Umkehrschluß ist freilich häufig mißbraucht worden. Gesteht man aber jeder Erklärung des Gesetzgebers, die überhaupt einen wenngleich nur konkludenten Ausdruck im Gesetze selbst findet, normative Kraft zu, so kann man auch dem Umkehrschluß — ungeachtet der heftigen Angriffe, die er im neueren Schrifttum erfahren

[7] „Einleitung in das deutsche Privatrecht“, S. 152; s. auch K. WOLFF, Iherings J., 82, 318. Allerdings bezeichnet THÖL (ebenso FRIEDRICHS: Der allgemeine Teil, S. 188) als Umkehrschluß auch den Schluß, der auf die Nichtgeltung einer ausdrücklich ausgesprochenen Regel und damit auf die entgegengesetzte Regel aus einer Vorschrift gezogen wird, deren Text tatsächlich das Wörtchen „nur“ oder eine gleichbedeutende einschränkende Partikel enthält. Der exponible Charakter einer solchen Vorschrift steht aber, wie oben im Texte bereits ausgeführt wurde, schon von vornherein außer Zweifel; der negative Rechtssatz, den die Vorschrift neben dem positiven enthält, ist nicht bloß implicite, sondern bereits explicite ausgesprochen.

[8] Vgl. KANT a. a. O.

[9] Vgl. DEUTSCHMANN, Gruchots Beiträge 26, S. 527; WACH: Handb. d. Zivilpr., I S. 270.

[10] Vgl. BRÜTT: Die Kunst der Rechtsanwendung, S. 78.

[11] Vgl. EHRENZWEIG, § 17, a. E.

hat,[12] — nicht die Eignung eines Rechtsgewinnungsmittels absprechen.[13] Unzutreffend ist auch die Behauptung, daß im Wege des Umkehrschlusses für den Tatbestand, auf den er sich bezieht, immer nur eine negative und keine positive Regel gewonnen werden kann.[14] Das trifft nur in dem Falle zu, daß die Vorschrift, aus der der Umkehrschluß gezogen wird, eine *positive* Regel enthält: Der Umkehrschluß aus der Vorschrift A ist N ergibt freilich nur, daß der Tatbestand B nicht die Rechtsfolge N nach sich zieht. Dagegen führt der Umkehrschluß aus der Vorschrift „A ist nicht N" zu der positiven Regel, daß der Tatbestand B die Rechtsfolge N nach sich zieht.

Wenn und insoweit eine gesetzliche Vorschrift einen Umkehrschluß zuläßt, ist — durch den im Wege dieses Schlusses aufgedeckten konkludent erklärten Rechtssatz — ihre analoge Anwendung ausgeschlossen.[15] Sie ist freilich nicht umgekehrt in allen Fällen zulässig, in denen ein Umkehrschluß nicht begründet erscheint: Die Erkenntnis, daß der Gesetzgeber mit der Vorschrift „A ist N" nicht auch die entgegengesetzte Regel für den Tatbestand B aufgestellt hat, schließt doch noch nicht die Erkenntnis in sich, daß das Gesetz bezüglich des Tatbestandes B eine — der Analogie raumgebende — Lücke aufweist und ebensowenig die Erkenntnis, daß der Tatbestand B dem Tatbestand A rechtsähnlich ist.[16]

Der Umstand, daß der Gesetzgeber den Tatbestand, an den er eine

---

[12] Siehe z. B. Brütt a. a. O.; Krückmann: Institutionen, § 29; Bozi: Die Weltanschauung der Jurisprudenz, S. 211; Reichel: Gesetz und Richterspruch, S. 91; Ehrenzweig, § 17 N. 23.

[13] „Die Natur der Sache spricht zu sehr für das arg. a contr., als daß wir uns desselben nicht bedienen sollten" (Thibaut: Versuch über einzelne Teile der Theorie des Rechts, S. 281).

[14] Reichel a. a. O., S. 104.

[15] Das gedankliche Verhältnis zwischen Umkehrschluß und Analogie wird verkehrt, wenn man sagt, daß die Analogie dem Umkehrschluß entgegensteht (vgl. Biermann: Das bürgerliche Recht, S. 34; Tuhr: Bürg. R. I, S. 43), daß dieser unzulässig ist, wenn die Analogie anwendbar ist (s. z. B. Wegner: Einführung in die Rechtswissenschaft, S. 92). Die Unzulässigkeit der Analogie ist eine notwendige Folge aber keine negative Voraussetzung des Umkehrschlusses! Freilich enthalten die Äußerungen, die das Gegenteil behaupten oder andeuten, einen richtigen Kern. Denn gegen die Annahme, daß der Gesetzgeber mit der für A gegebenen Vorschrift gleichzeitig konkludent die entgegengesetzte Regel für B aufgestellt hat, ergeben sich Bedenken, wenn der Tatbestand B derselben rechtlichen Behandlung würdig erscheint wie A.

[16] Im Schrifttum wird freilich mit Unrecht sehr häufig das Verhältnis zwischen Analogie und Umkehrschluß als das des kontradiktorischen Gegensatzes hingestellt; s. z. B.: Zachariae-Lingenthal: Franz. Zivilr., § 40; Tuhr a. a. O., S. 44; Oertmann bei Holdheim, 1911, S. 4; Rümelin: Werturteile, S. 16; Brütt a. a. O., S. 78; Schreier: Die Interpretation der Gesetze und Rechtsgeschäfte, S. 46; Zimmerl: Die strafrechtliche Arbeitsmethode de lege ferenda (1931), S. 13.

bestimmte Rechtsfolge knüpft, durch Angabe der Tatbestandsgattung und Hinzufügung eines *einschränkenden Merkmals* bezeichnet, zwingt oft zu der Annahme, daß der Gesetzgeber für die der angegebenen Gattung angehörenden, aber des einschränkenden Merkmals entbehrenden Tatbestände die entgegengesetzte Regel aufstellen will.[17] Dieser Umkehrschluß ist aber im allgemeinen nur dann begründet, wenn der Tatbestand der angegebenen Gattung auch beim Fehlen des einschränkenden Merkmals noch in das *Aussagegebiet* der betreffenden Gesetzesvorschrift fällt. Die Grenzen des Aussagegebietes einer einzelnen Gesetzesvorschrift ergeben sich aus dem Titel, dem Zweck, dem ganzen Inhalt des Gesetzes, dem sie angehört, aus ihrer Stellung im Systeme des Gesetzes und ihrer Überschrift.[18] Im Zweifel ist anzunehmen, daß der Gesetzgeber über Tatbestände, die außerhalb dieser Grenzen liegen, überhaupt keine Erklärung, also auch keine konkludente Erklärung abgeben will. Daher ist der Umkehrschluß auf solche Tatbestände, auch wenn sie der angegebenen Tatbestandsgattung angehören, aber das einschränkende Merkmal nicht aufweisen, im allgemeinen nicht berechtigt.[19] So gestatten z. B. die Bestimmungen des § 38 AngG., § 38 GutsAngG., § 27 III SchauSpG., § 16 VVG., daß die Vertragsstrafe dem richterlichen Mäßigungsrecht unterliegt — gemeint ist: dem richterlichen Mäßigungsrecht auch dann unterliegt, wenn der Dienst- bzw. Versicherungsvertrag ein Handelsgeschäft ist — nicht den Umkehrschluß, daß das richterliche Mäßigungsrecht bei Konventionalstrafen ausgeschlossen ist, durch die die Erfüllung anderer Handelsgeschäfte gesichert werden slol. Solche Konventionalstrafen liegen ja ganz außerhalb des Aussagegebietes der genannten Gesetzesvorschriften, die eben nicht die Konventionalstrafe, sondern bestimmte Dienstverträge bzw. den Versicherungsvertrag regeln wollen.[20] In § 19 ABGB. wiederum will der Gesetz-

---

[17] Vgl. FRIEDRICHS: Der allgemeine Teil, S. 187. An die im Text angeführten Fälle der Tatbestandsumschreibung denkt auch (s. BRUNNER, Jahrb. d. großherzogl. badischen Hofgerichtes, NF. 13 S. 368) die ältere Lehre (s. z. B. THIBAUT: Versuch, S. 281; SAVIGNY: System des heutigen röm. R., I S. 237; VANGEROW: Lehrb. der Pand., § 24) bei Aufstellung des allgemeinen — und in dieser Allgemeinheit sicher unrichtigen — Rechtssatzes, daß im Zweifel das arg. a contr. zulässig sei.

[18] S. meine Abhandlung „Die Rechtsfindung durch Größenschluß", JBl. 1933, S. 111, 112.

[19] Der Gedanke, daß einer Gesetzesvorschrift keine konkludente Erklärung über Gegenstände entnommen werden kann, die außerhalb ihres Aussagegebietes liegen, findet bereits einen — wenn auch zu engen — Ausdruck in dem Ausspruche der gemeinrechtlichen Lehre (s. BRINZ: Pand., § 32; VANGEROW a. a. O., § 24; REGELSBERGER: Pand. S. 154), daß Reskripte und Dekrete der römischen Kaiser keinen Umkehrschluß auf andere als die dort normierten Tatbestände zulassen.

[20] Die bekannte Streitfrage, ob Art. 284 HGB. Konventionalstrafen, die

geber eine Regel über die Selbsthilfe aufstellen. Diese bietet das Aussagegebiet der Bestimmung, daß derjenige, der sich „mit Hintansetzung" der Behörde „der eigenmächtigen Hilfe bedient" hierfür verantwortlich ist. Diese Bestimmung will daher nicht die Frage nach den Rechtsfolgen der eigenmächtigen Hilfe offen lassen, die ohne Hintansetzung der Behörde also bei Unerreichbarkeit dieser geübt wird; die Bestimmung des § 19 ABGB. enthält vielmehr den konkludent erklärten Rechtssatz, daß die ohne Hintansetzung der Behörde geübte Selbsthilfe erlaubt ist. — Weist das einschränkende Merkmal auf einen aus mehreren Elementen zusammengesetzten Tatbestand, so ist — innerhalb des Aussagegebietes der das Merkmal aufnehmenden Vorschrift — der Umkehrschluß in der Regel schon dann zulässig, wenn auch nur eines der mehreren Tatbestandselemente fehlt. Eine Ausnahme greift bloß dann Platz, wenn der Gesetzgeber vorausgesetzt hat, daß mit einem der mehreren Tatbestandselemente stets auch das andere verbunden ist. Denn hat der Gesetzgeber an den Fall der Teilverwirklichung des einschränkenden Merkmals überhaupt nicht gedacht, so hat er auch für diesen Fall keine Regel aufstellen wollen. Der Umkehrschluß ist daher nicht begründet; vielmehr ist die Analogie zulässig, wenn der Rechtsgrund für die an das einschränkende Merkmal gebundene Rechtsfolge nur auf dem verwirklichten Tatbestandselemente beruht und von dem fehlenden ganz unabhängig ist.[21]

II. Der Tatbestand der Vorschriften des ius singulare weist eine Gestalt auf, die unter Umständen einen Umkehrschluß zuläßt und in diesem Falle deshalb die Analogie ausschließt.[22] Das der Tatbestandsgattung hinzugefügte einschränkende Merkmal besteht in dem Momente,

---

zur Sicherung der Erfüllung von Handelsgeschäften versprochen werden, dem richterlichen Mäßigungsrechte des § 1336 ABGB. entzieht, bleibt also weiter offen.

[21] Vgl. Brütt a. a. O., S. 78. Ein Beispiel bietet die Bestimmung des § 700 ABGB., daß eine verwitwete Person, die Kinder hat, die letztwillig angeordnete Bedingung der Ehelosigkeit erfüllen muß. Das einschränkende Merkmal „verwitwet" enthält die Tatbestandselemente: „*Auflösung* der Ehe" und „Auflösung durch *Tod*". An den Fall der Auflösung der Ehe durch Trennung, also an den Fall, daß bloß das erstgenannte Tatbestandselement des einschränkenden Merkmals verwirklicht ist, dürfte der Gesetzgeber nicht gedacht haben. § 700 gestattet daher nicht den Umkehrschluß, daß die Bedingung der Ehelosigkeit als nicht beigesetzt gilt, wenn der Bedachte Kinder aus einer getrennten Ehe hat; vielmehr ist auf diesen Fall die für eine verwitwete Person gegebene Vorschrift analog anzuwenden (so anscheinend auch K. Wolff: Grundriß, S. 70).

[22] Der richtige Gedanke, daß die behauptete Unzulässigkeit einer analogen Anwendung von Vorschriften des Sonderrechts sich nicht schon unmittelbar aus diesem Charakter der Vorschriften ergibt, sondern nur aus einem durch die Gestalt des Tatbestandes begründeten Umkehrschluß folgen kann, wird

das die Zugehörigkeit einer Person eines Geschäftes usw. zu einer bestimmten Klasse begründet, also bei handelsrechtlichen Vorschriften in dem Momente der Kaufmanns- oder Handelsgeschäftseigenschaft. Der Tatbestand, der diese Eigenschaft begründet, ist zwar immer ein aus mehreren Elementen zusammengesetzter Tatbestand. Es ist aber ausgeschlossen, daß der Gesetzgeber sich diese Elemente als stets miteinander verbunden vorgestellt hat, also nicht des Falles gedacht hat, daß zwar eines dieser Elemente vorhanden ist, ein anderes aber fehlt. Der Umstand, daß das einschränkende Merkmal der Kaufmanns- oder Handelsgeschäftseigenschaft zum Teil verwirklicht ist, steht also einem — die Analogie ausschließenden — Umkehrschlusse nicht entgegen. Seine Zulässigkeit hängt aber davon ab, ob das Aussagegebiet der handelsrechtlichen Vorschrift überhaupt die Annahme einer konkludenten Erklärung über Tatbestände zuläßt, die des Momentes der Kaufmanns- oder Handelsgeschäftseigenschaft entbehren. Es ist zu unterscheiden:

1. In einem seinem Hauptinhalte nach nicht dem Handelsrecht angehörenden, d. h. nicht auf Kaufleute oder Handelsgeschäfte beschränkten Gesetze finden sich einzelne Vorschriften über Kaufleute oder Handelsgeschäfte eingestreut. Solche Vorschriften zwingen in der Regel zu dem — die Analogie ausschließenden — Umkehrschluß, daß die ausgesprochene Regel für andere Personen als Kaufleute und für andere Geschäfte als Handelsgeschäfte nicht gilt. So ergibt sich arg. a contr. aus § 7 AngG., der in den ersten drei Absätzen dem Angestellten eines Kaufmanns bestimmte Tätigkeitsbeschränkungen auferlegt, daß Angestellte anderer Unternehmer diesen Beschränkungen nicht unterworfen sind. Denn der Gesetzgeber will an der angeführten Stelle nicht nur die Rechte und Pflichten der Angestellten eines *Kaufmanns* regeln, sondern — wie die Überschrift zu § 7 („Konkurrenzverbot") und der Inhalt des vierten Absatzes zeigt — eine Regel über die Tätigkeitsbeschränkungen aufstellen, die den Dienstnehmern im Geltungsgebiete des AngG. obliegen. Der Gesetzgeber, der von den Angestellten eines Kaufmanns spricht, will also nicht die Frage offen lassen, ob das Konkurrenzverbot auch andere dem AngG. unterworfene Dienstnehmer trifft, vielmehr ein solches Konkurrenzverbot für andere Dienstnehmer verneinen. Ein anderes Beispiel bieten die Bestimmungen des SchwOR. über die Berechnung

bereits von Glück in seinem Pandektenkommentar ausgedrückt. Es heißt dortselbst (II, S. 265): „Es gibt Gesetze, die so geeigenschaftet sind, daß bei ihnen kein Schluß auf die Ähnlichkeit der Fälle gilt. Hierher gehören einmal diejenigen Gesetze, welche ein besonderes Recht für gewisse Personen oder Sachen enthalten. Solche Gesetze lassen keine Ausdehnung auf andere Fälle zu, gesetzt auch bei anderen nicht genannten Fällen ein gleicher Grund vorhanden ist; hier gilt vielmehr der Schluß vom Gegenteil, nämlich, daß der Gesetzgeber dasjenige nicht wolle, was in den Worten nicht ausgedrückt ist."

der Verzugszinsen zwischen Kaufleuten (Art. 104 III) und über die in kaufmännischem Verkehr eintretenden Folgen des Erfüllungsverzuges beim Kaufe (Art. 190, 191 II, 215 I).

2. Die handelsrechtliche Vorschrift ist Bestandteil eines überhaupt nur der Regelung des Handels dienenden Gesetzes, also insbesondere eines als „Handelsgesetzbuch“ oder ähnlich bezeichneten Gesetzes. Ein solches Gesetz will, auch wenn dies nicht besonders ausgesprochen ist, im Zweifel — wenn sich nicht aus dem Inhalt einzelner Vorschriften das Gegenteil ergibt[23] — überhaupt nur Tatbestände des Handels regeln. Andere Tatbestände liegen außerhalb des Aussagegebietes eines solchen Gesetzes; über andere Tatbestände will also der Gesetzgeber überhaupt keine, auch keine konkludente Erklärung abgeben. Vollends ausgeschlossen ist die Annahme, daß der Gesetzgeber mit der Vorschrift über Kaufleute oder Handelsgeschäfte auch konkludent eine gegenteilige Regel für Nichtkaufleute oder Nichthandelsgeschäfte aufgestellt hat, insbesondere für das in Österreich geltende HGB. Dieses Gesetzbuch sollte ja auf dem Boden mehrerer Zivilrechtsordnungen wirken und gibt für Kaufleute und Handelsgeschäfte zahlreiche Vorschriften, die in einzelnen Staaten, in denen das Gesetz Wirksamkeit erlangen sollte und erlangt hat, bereits als Regel des allgemeinen bürgerlichen Rechts gegolten haben. Diese Regeln des bürgerlichen Rechts wären durch das HGB. aufgehoben, wenn dessen Bestimmungen den Umkehrschluß zuließen, daß die für Kaufleute oder Handelsgeschäfte ausgesprochene Regel für andere Personen und andere Geschäfte nicht gilt. Denn die derogierende Kraft der lex posterior eignet einem durch Umkehrschluß aufgedeckten, also bloß konkludent erklärten Rechtssatze geradeso wie einem ausdrücklich ausgesprochenen.[24]

Manche Vorschriften des HGB. nehmen in den Tatbestand neben dem dort ausdrücklich angeführten oder vorausgesetzten Element der Handelsgeschäftseigenschaft auch das der Kaufmannseigenschaft eines

[23] S. oben S. 4.

[24] Wie überhaupt ein durch Umkehrschluß aufgedeckter, bloß konkludent erklärter Rechtssatz dieselben Rechtswirkungen nach sich zieht, wie ein ausdrücklich ausgesprochener. Daher kann ein Handelsbrauch gemäß Art. 1 HGB. schon dann kein Handelsgewohnheitsrecht erzeugen, wenn er einem Rechtssatze widerspricht, der sich bloß im Wege des Umkehrschlusses aus einer Bestimmung des HGB. ergibt (s. STAUB-PISKO[3], § 3 zu Art. 1). Ebenso erstreckt sich der Vorrang, den Art. 1 HGB. in Handelssachen dem Handelsrecht vor dem bürgerlichen Recht einräumt, auch auf die Rechtssätze, die aus dem HGB. oder aus einer anderen handelsrechtlichen Vorschrift nur im Wege des Umkehrschlusses abgeleitet werden (s. STAUB-PISKO[3], § 4 zu Art. 1). Diese weitergehenden, über den Ausschluß der Analogie hinausreichenden Wirkungen übersieht die Behauptung (REICHEL a. a. O.; BRÜTT a. a. O.), daß sich die Bedeutung des Umkehrschlusses in der Ausschließung der Analogie erschöpft.

oder beider Teile auf (s. z. B. Art. 289, 291, 297, 310, 311, 313, 323) oder umgekehrt (s. Art. 55). Manche Vorschriften verlangen ein beiderseitiges Handelsgeschäft (s. Art. 289, 310, 311, 313) oder ein Geschäft, das auf Seite eines bestimmten Vertragsteils ein Handelsgeschäft bildet (s. z. B. Art. 282, 288). Die in Art. 10 angeführten Vorschriften sind nur für Vollkaufleute und für Vereinigungen zum Betriebe eines Handelsgewerbes gegeben, das die Vollkaufmannseigenschaft begründet. Alle diese Vorschriften gestatten zwar unter Umständen, auch nicht immer, einen — hier nicht weiter interessierenden — Umkehrschluß auf Tatbestände, die bloß das Element der Handelsgeschäftseigenschaft oder der Kaufmannseigenschaft, aber nicht beide Elemente aufweisen, so wie auf Tatbestände, die zwar eines dieser Elemente aufweisen, aber ohne die vorausgesetzte Qualifikation.[25] Dagegen lassen auch die genannten Vorschriften nicht den Umkehrschluß zu, daß die ausgesprochene Regel für Tatbestände nicht gelten soll, die überhaupt des die sachliche Geltung des HGB. begründenden Elements der Kaufmanns- oder Handelsgeschäftseigenschaft entbehren, die also außerhalb des Aussagegebietes dieser Vorschriften liegen. Die Frage, ob eine analoge Anwendung der genannten Vorschriften auf solche Tatbestände nicht wegen des Mangels der — vom Gesetzgeber verneinten — Rechtsähnlichkeit ausgeschlossen ist, soll an anderer Stelle (s. unten § 8) erörtert werden.

3. In einem Gesetze, das auch allgemeines Privatrecht, Prozeßrecht usw. enthält, ist ein geschlossener Teil, Abschnitt u. dgl. dem Handelsrechte gewidmet, wie z. B. im Preußischen Landrechte der zweite Abschnitt des achten Titels: „Von Kaufleuten“ des zweiten Teiles oder in der früheren österreichischen Konkursordnung vom Jahre 1868 der

---

[25] So ergibt sich arg. a contr. aus Art. 282, daß der Schuldner aus einem Geschäfte, das nur auf Seite des Gläubigers ein Handelsgeschäft bildet, nicht für die Sorgfalt eines ordentlichen Kaufmanns haftet. Dagegen läßt sich aus Art. 311 nicht im Wege des Umkehrschlusses der Rechtssatz ableiten, daß die dort vorgesehene Vereinbarung der außergerichtlichen Pfandverwertung ungültig ist, wenn die Forderung bloß einem einseitigen Handelsgeschäft entspringt, oder wenn einer der Parteien die Kaufmannseigenschaft fehlt. Das HGB. will für diesen Fall der Vereinbarung der außergerichtlichen Pfandverwertung nicht etwa die Gültigkeit absprechen, sondern über die Frage dieser Gültigkeit das bürgerliche Recht (s. § 1371 ABGB.) entscheiden lassen. Ebensowenig folgt arg. a contr. aus Art. 313, daß zugunsten der Forderung aus einem Handelsgeschäfte beim Fehlen der anderen Voraussetzungen des Art. 313 dem Gläubiger überhaupt kein Zurückbehaltungsrecht zusteht, also auch dann nicht, wenn ein solches bereits durch das bürgerliche Recht (s. § 471 ABGB.) begründet erscheint. Selbstverständlich kann ein Umkehrschluß aus Art. 288, der dem Gläubiger aus einem Geschäfte, das auf seiner Seite ein Handelsgeschäft ist, ein Recht auf Zinsen vom Tage der Mahnung gibt, nicht zu dem Rechtssatze führen, daß dieses Recht — gegen die Regel der §§ 1333, 1334 ABGB. — dem Gläubiger nicht zusteht, wenn das Geschäft bloß auf Seite des Schuldners ein Handelsgeschäft bildet.

Abschnitt „Von dem kaufmännischen Konkurse". Das Aussagegebiet solcher handelsrechtlicher Vorschriften erscheint im Hinblick auf ihre Stellung im Systeme des Gesetzes — ebenso wie das der Vorschriften eines Handelsgesetzbuches — auf Tatbestände des Handels: auf Kaufleute oder Handelsgeschäfte, beschränkt. Für andere Tatbestände wollte der Gesetzgeber überhaupt keine Regel aufstellen; daher ist auch die Annahme nicht begründet, daß die handelsrechtlichen Vorschriften den konkludenten Ausdruck des Willens des Gesetzgebers enthalten, daß für Nichtkaufleute und Nichthandelsgeschäfte die entgegengesetzte Regel gelten soll. Eine solche ist allerdings dann ausgesprochen, wenn die handelsrechtlichen Vorschriften eines Gesetzes nicht nur zu einem geschlossenen Teil vereinigt sind, sondern dessen Inhalt auch als Ausnahme bezeichnet erscheint (s. oben S. 13). Der Wille des Gesetzgebers, eine Ausnahme in normativem Sinn und damit ein Analogieverbot anzuordnen, kommt aber nicht dadurch zum Ausdruck, daß er in die Überschrift zu dem Teil, Abschnitt usw., der die handelsrechtlichen Vorschriften eines Gesetzes enthält, die Worte „Besondere Vorschriften" oder „Sonderbestimmungen" o. dgl. aufnimmt. Das Wort „besonders" weist in diesem Zusammenhang im Zweifel — sofern sich nicht auch aus den Gesetzesmaterialien oder aus anderen Umständen ein anderer Wille des Gesetzgebers ergibt — bloß auf eine Beschränkung des Aussagegebietes der Vorschriften, auf die dieses Wort bezogen wird; es hebt nur im Interesse der Übersichtlichkeit die Grenzen des Gegenstandes hervor, der geregelt wird, begrenzt aber nicht das Geltungsgebiet der aufgestellten Regeln.[26] — Sicher berechtigt der bloße Umstand, daß Vorschriften über Kaufleute und Handelsgeschäfte nicht in einem selbständigen, nur solchen Vorschriften gewidmeten Gesetze enthalten sind, sondern zu einem gesonderten und geschlossenen Teil eines allgemeinen Zivilgesetzbuches vereinigt sind, nicht zu der Annahme, daß der Gesetzgeber diesen Vorschriften den — die Analogie ausschließenden — Charakter von Ausnahmen beilegen wollte,[27] die nur für Kaufleute und Handelsgeschäfte gelten sollen.[28] Der erwähnte

[26] So enthält z. B. das zweite Hauptstück des GenG. vom Jahre 1873 ungeachtet der Überschrift „Besondere Bestimmungen für Genossenschaften mit unbeschränkter Haftung" nicht durchwegs Vorschriften, die bloß für Genossenschaften mit *un*beschränkter Haftung gelten. Vielmehr finden ganz sicher die in das genannte Hauptstück eingereihten §§ 56, 57 (Rechte der Privatgläubiger der einzelnen Genossen) auch auf Genossenschaften mit *beschränkter* Haftung Anwendung (AdlCl. 2525).

[27] Anders GOLDSCHMIDT a. a. O., I S. 371 N. 10 a. E.

[28] Vom Standpunkte der entgegengesetzten Ansicht aus müßte man folgerichtig allen Vorschriften eines bürgerlichen Gesetzbuches, die sich in einem besonderen Abschnitte, Hauptstück usw. über ein bestimmtes Schuldverhältnis (z. B. über Kauf, Miete) finden, den Charakter von Ausnahmen in normativem Sinne beilegen, die bloß für diese Schuldverhältnisse gelten, also eine analoge Anwendung dieser Vorschriften auf andere Schuldverhältnisse

Umstand kann freilich, wie noch zu zeigen sein wird (s. unten S. 28) zur Erkenntnis führen, daß der Gesetzgeber einen des Momentes der Kaufmanns- oder Handelsgeschäftseigenschaft entbehrenden Tatbestand nicht als rechtsähnlich ansieht und daß aus diesem Grunde die analoge Anwendung der handelsrechtlichen Vorschrift auf einen solchen Tatbestand unzulässig ist.

Drittes Kapitel.

§ 4.

„Starre" Normen des Handelsrechtes.

Es gibt eine Reihe von Normen, die überhaupt keine analoge Erweiterung zulassen.[1] Auch handelsrechtliche Vorschriften, also Vorschriften, die einen das Element der Kaufmanns- oder Handelsgeschäftseigenschaft enthaltenden Tatbestand vorsehen, können den Charakter von solchen starren Normen tragen und sind dann eben infolge dieses Charakters sowohl innerhalb als außerhalb des Geltungsbereiches des Handelsrechts einer analogen Ausdehnung unfähig. Ausgeschlossen ist aus diesem Grunde insbesondere — nach den meisten Rechtsordnungen, auch nach der österreichischen — die analoge Anwendung aller handelsrechtlichen Vorschriften, die eine *Strafandrohung* enthalten, gleichgültig, ob die Verhängung der angedrohten Strafe den Gerichten zusteht oder einer anderen Behörde.[2] — Weiters lassen die Vorschriften über die besondere Beweiskraft der Handelsbücher (Art. 34ff. HGB., §§ 19, 20 EG. zum HGB., § 295 ZPO.)[3] keine analoge Anwendung auf Bücher zu, die, wenngleich ganz nach Art und Form der Handelsbücher, von Nichtkaufleuten geführt werden. Dasselbe gilt von den Vorschriften über die Art der Vorlage der Handelsbücher und über die Folgen ihrer Nichtvorlegung (Art. 37 HGB., Art. VII Z. 4 EG. zur ZPO.). Ebenso sind die Vorschriften, die den Kaufmann (Vollkaufmann) zur Buch-

verneinen. Die grundsätzliche Zulässigkeit dieser Analogie ist aber niemals bestritten worden. So wird z. B. die bloß im Hauptstücke „Von dem Tauschvertrag" in § 1052 ausgesprochene Regel, daß selbst eine vertragsmäßig übernommene Vorleistungspflicht bei unvorhergesehener Gefährdung der Gegenleistung erlischt — obwohl diese Regel im Gesetze selbst bloß auf Kaufverträge ausgedehnt wird (§ 1066) — unbedenklich auf alle gegenseitigen Verträge angewendet (s. Ehrenzweig, § 321 N. 2, und meine Ausführungen bei Klang, I S. 142).

[1] Vgl. hiezu Regelsberger, Iherings J. 58, 146; Heck, a. a. O. S. 180 ff., Schreier, a. a. O. S. 46, Ehrenzweig, § 18; meine Ausführungen bei Klang I S. 144 ff.

[2] Das Analogieverbot des Art. IV KundmPat. zum StG. gilt auch für das Verwaltungsstrafrecht, obgleich es für dieses im Gesetze nicht ausgesprochen erscheint (s. meine Ausführungen in JBl. 1933 S. 115).

[3] Die Frage nach der praktischen Bedeutung dieser Vorschriften mag hier dahingestellt bleiben; siehe hierüber Pollak bei Staub-Pisko[3] I S. 285.

führung verpflichten — auch bezüglich der bloß privatrechtlichen Folgen, die sich aus der Nichterfüllung dieser Verpflichtung ergeben —, starre Normen: Sie können nicht im Wege der Analogie auf Unternehmer ausgedehnt werden, deren Betrieb zwar auch das Bedürfnis nach einer geordneten Buchführung begründet, denen aber die Kaufmannseigenschaft fehlt, z. B. nicht auf nichteingetragene Inhaber eines nach Art und Umfang kaufmännische Einrichtungen erheischenden land- oder forstwirtschaftlichen Nebengewerbes.

Zweiter Abschnitt.

Die Voraussetzungen einer analogen Anwendung des Handelsrechtes auf Nichthandelssachen im einzelnen Falle.

Erstes Kapitel.

§ 5.

Die Rechtsähnlichkeit der Tatbestände: Die Unerheblichkeit des Tatbestandselementes der Kaufmanns- oder Handelsgeschäfteigenschaft.

Rechtsähnlich sind zwei Tatbestände, wenn sie ungeachtet ihrer Verschiedenheit dieselbe rechtliche Behandlung verdienen, d. h. wenn dem Moment, durch das sie sich unterscheiden, keine Bedeutung für ihre rechtliche Behandlung zukommt. Im Zweifel ist anzunehmen, daß der Gesetzgeber solche Tatbestände auch derselben Regel unterwerfen will. Auf dieser Annahme beruht der Analogieschluß, d. i. der Schluß, daß der Gesetzgeber der Regel, die er für den Tatbestand A aufstellt, auch den nicht geregelten Tatbestand B unterwerfen will, wenn dieser sich von A bloß durch ein für die angeordnete Rechtsfolge ganz unerhebliches Moment unterscheidet.[1] Dieser Schluß ist aber nur dann begründet, wenn auch der *Gesetzgeber* dem Momente, durch das sich die Tatbestände A und B unterscheiden, keine rechtliche Erheblichkeit beigelegt hat, wenn also nur die den Tatbeständen A und B gemeinsamen Merkmale und nicht auch das sie voneinander unterscheidende, für den Gesetzgeber den Grund der für A aufgestellten Regel gebildet haben.[2] Die Analogie ist daher ausgeschlossen, wenn der Gesetzgeber — wenngleich mit Unrecht — dem unterscheidenden Merkmal eine Bedeutung beigelegt hat. Das ist freilich nicht zu vermuten. Man kann vielmehr, solange nicht besondere Umstände auf eine gegenteilige Auffassung des Gesetzgebers schließen lassen, davon ausgehen, daß auch der Gesetzgeber Tatbestände, die wir als derselben rechtlichen Behandlung würdig

---

[1] S. z. B. Savigny: System, I S. 292; Pfaff-Hofmann: Komm., I S. 292, und aus neuerer Zeit Biermann: Das bürgerliche Recht, S. 23.

[2] Vgl. Cosack-Mitteis: Lehrb. d. bürg. R., § 13 III.

erkennen, als rechtsähnlich betrachtet, daß er einem sie unterscheidenden Merkmal, dem wir die rechtliche Bedeutung absprechen, auch keine solche beilegt.

Auch die analoge Anwendung des Handelsrechts auf Tatbestände, die des Elements der Kaufmanns- oder Handelsgeschäftseigenschaft entbehren, setzt voraus, daß der *Gesetzgeber* dieses Tatbestandselement bei der Anordnung der handelsrechtlichen Regel als bedeutungslos angesehen hat, daß daher ein Tatbestand, dem das erwähnte Element fehlt, auch vom Standpunkte der Auffassung des Gesetzgebers aus als dem der handelsrechtlichen Vorschrift rechtsähnlich betrachtet werden muß. Eine solche Auffassung des Gesetzgebers läßt sich in manchen Fällen positiv feststellen. Das ist aber nicht notwendig. Solange nicht bestimmte Umstände auf eine andere Auffassung des historischen Gesetzgebers schließen lassen, genügt vielmehr die Erkenntnis, daß vom Standpunkt rechtspolitischer Betrachtung aus kein Anlaß zu einer besonderen auf Kaufleute oder Handelsgeschäfte beschränkten Regel abzusehen ist, also die Erkenntnis, daß ein konsequenter, ein in dieser Richtung „idealer“ Gesetzgeber der Regel, die er für Kaufleute und Handelsgeschäfte ausspricht, auch andere Personen und Geschäfte unterwerfen muß. Aus dem Gesagten ergibt sich auch die Bedeutung, die bei der Beurteilung der Rechtsähnlichkeit dem Umstande zukommt, daß ausländische Gesetze eine im Inlande nur für Kaufleute oder Handelsgeschäfte ausgesprochene Regel in das bürgerliche Recht aufgenommen haben: Dieser Umstand gestattet keinen unmittelbaren Schluß auf die allein maßgebende Auffassung des inländischen Gesetzgebers.[3] So kann man nicht ohne weiteres das Tatbestandsmerkmal der Kaufmanns- oder Handelsgeschäftseigenschaft in allen Vorschriften des österreichischen HGB. als unerheblich erklären, die durch Aufnahme in das deutsche BGB. den Charakter von handelsrechtlichen Sondernormen verloren haben. Fremde Gesetzgebungen können aber geradeso wie auch Äußerungen der Wissenschaft eine Stütze für das rechtspolitische Urteil bilden, daß das Moment der Kaufmanns- oder Handelsgeschäftseigenschaft der sachlichen Bedeutung für eine bestimmte Rechtsfolge entbehrt, und dadurch mittelbar zu dem Schlusse führen, daß der Gesetzgeber dem erwähnten Momente nicht eine Bedeutung beigelegt hat, die er ihm nach anerkannten rechtspolitischen Grundsätzen nicht beilegen soll. Immer ist freilich dieser Schluß nicht begründet. Ein Schluß auf die Unerheblichkeit des Moments der Kaufmanns- oder Handelsgeschäftseigenschaft kann aus fremden Gesetzgebungen jedenfalls dann nicht gezogen werden, wenn diese gegenüber der Frage nach der Erheblichkeit des erwähnten Tatbestandsmerkmales einen ver-

[3] Von einer anderen Auffassung scheint die Begründung der zweiten Instanz bei SZ. XIV/121 auszugehen.

schiedenen Standpunkt einnehmen. Das ist gar nicht so selten der Fall. So ist z. B. die Rügepflicht des Art. 347 HGB. in Art. 201 SchwOR. auf *alle Fahrnis*käufe[4] erstreckt,[5] dagegen im § 377 DHGB. zwar auf Platzgeschäfte ausgedehnt, aber auf *beiderseitige* Handelsgeschäfte eingeschränkt worden.

Die Erkenntnis, daß eine gesetzliche Vorschrift über den Tatbestand A einen Umkehrschluß auf den Tatbestand B zuläßt, schließt selbstverständlich die — freilich eben angesichts der Zulässigkeit des Umkehrschlusses ganz gleichgültige — Erkenntnis in sich, daß der Gesetzgeber die Tatbestände A und B als nicht rechtsähnlich ansieht. Aber nicht umgekehrt: Es können Umstände fehlen, die den Schluß auf eine konkludente Erklärung des Gesetzgebers rechtfertigen, daß für den Tatbestand B die entgegengesetzte Regel gelten soll, oder Umstände vorliegen, die eine solche Konkludenz ausschließen; es können aber gleichwohl besondere Umstände, die — bei der Entscheidung über die Zulässigkeit der Analogie verbindliche — Meinung des Gesetzgebers anzeigen, daß die Tatbestände A und B nicht dieselbe rechtliche Behandlung verdienen, daß vielmehr dem sie unterscheidenden Merkmal rechtliche Erheblichkeit für die an A geknüpfte Rechtsfolge eignet. Eine solche Meinung des Gesetzgebers steht der Analogie entgegen, begründet aber nicht die weitergehenden (s. oben § 3 bei N. 24) Wirkungen des Umkehrschlusses, d. h. nicht die Wirkungen einer wirklichen, wenn auch bloß konkludenten Erklärung des Gesetzgebers, daß die für A aufgestellte Regel für B nicht gelten soll. Die Tatsache, daß von den verschiedenen Wirkungen des Umkehrschlusses, die der Ausschließung der Analogie praktisch die größte Bedeutung gewinnt und wohl auch die unrichtige[6] Meinung, daß sich die Wirkungen des Umkehrschlusses überhaupt in der Ausschließung der Analogie erschöpfen, hat dazu geführt, daß man nicht scharf zwischen der Frage unterscheidet, ob eine Vorschrift über den Tatbestand A einen Umkehrschluß auf den Tatbestand B zuläßt und der Frage, ob bloß vom Standpunkte des Gesetzgebers aus die Rechtsähnlichkeit zwischen A und B zu verneinen ist und daß man in Fällen, in denen nur ein Schluß auf diese Verneinung gerechtfertigt erscheint, von einem Umkehrschlusse spricht.[7] Die Unterscheidung ist aber auch dann notwendig, wenn über-

---

[4] Die Bestimmung scheint freilich — wie aus dem Worte „Geschäftsgang" erhellt — zunächst an Kaufverträge zu denken, die im Handelsverkehr oder doch über Handelsgut geschlossen werden (s. EGGER-ESCHER (OSER): Komm. zum Schweizer Zivilgesetzb., V, Bem. zu Art. 201 SchwOR.).

[5] Dieselbe Erweiterung hatte bereits die Bremer EinfVdg. zum HGB. (§§ 30, 33) angeordnet.

[6] S. oben S. 20 N. 24.

[7] Unzutreffend ist insbesondere die sowohl ausdrücklich ausgesprochene (FRIEDERICHS: Der allgemeine Teil des Rechtes, S. 189; HEDEMANN: Einführung in die Rechtswissenschaft, S. 116; WEGNER: Einführung in die Rechts-

haupt keine andere Wirkung des Umkehrschlusses als die der Ausschließung der Analogie in Betracht kommt. Denn die Erkenntnis, daß der Umkehrschluß, nämlich die Annahme nicht zulässig ist, daß der Gesetzgeber mit der Vorschrift über A konkludent die entgegengesetzte Regel für B aufgestellt hat, läßt ja, wie oben hervorgehoben, noch immer die Frage offen, ob nicht der Gesetzgeber ohne den Tatbestand B auch nur konkludent zu regeln, seine Rechtsähnlichkeit mit A verneint. Die Bestimmungen eines bloß den Handel regelnden Gesetzes oder Gesetzesteiles gestatten, wie bereits ausgeführt wurde (s. oben S. 20), keinen Umkehrschluß auf Tatbestände, die nicht dem Handel angehören, weil einer Gesetzesbestimmung auch keine konkludente Erklärung des Gesetzgebers über Tatbestände entnommen werden kann, die außerhalb ihres Aussagegebietes liegen. Aber diese Begrenzung des Aussagegebietes

---

wissenschaft, S. 92; RG. 95 S. 118) als auch tatsächlich der Rechtslehre und Rechtsanwendung offensichtlich zugrunde liegende Meinung, daß der „*Kontrast*" (s. FRIEDERICHS a. a. O.) einen Umkehrschluß begründen kann. Der Kontrast, der Umstand, daß in einem Gesetz oder in mehreren zur selben Zeit erflossenen Gesetzen eine bestimmte Rechtsfolge nur an einen von mehreren vergleichbaren Tatbeständen geknüpft ist, oder daß eine an alle diese Tatbestände geknüpfte Rechtsfolge bei einem von ihnen mit einer Beschränkung angeordnet ist, kann aber nur anzeigen, daß der Gesetzgeber diese mehreren Tatbestände nicht als rechtsähnlich ansieht. Diese Meinung des Gesetzgebers zwingt zur Ablehnung einer analogen Anwendung der einen Vorschrift und zur Ablehnung einer berichtigenden Auslegung der anderen. Der Kontrast kann daher auf diesem Wege zur sicheren Erkenntnis führen, daß der bloß für einen der vergleichbaren Tatbestände ausgesprochene Rechtssatz nicht für den anderen gilt. Man kann aber zu diesem Ergebnisse nicht im Wege des Umkehrschlusses gelangen — wenn man nämlich diesen Ausdruck auf den Schluß beschränkt, daß die Vorschrift „A ist N" neben dieser ausdrücklichen Regel auch die konkludente Erklärung enthält, daß für den Tatbestand B die entgegengesetzte Regel gelten soll. Ein Beispiel: Das AngG. vom 11. Mai 1921 verbietet (§ 13) dem mit dem Abschluß oder der Vermittlung von Geschäften betrauten Angestellten, ohne Einwilligung des Prinzipals vom Dritten eine Belohnung anzunehmen. Dasselbe Verbot wird in § 5 des wenige Wochen später verabschiedeten HAgG. dem Handelsagenten auferlegt, jedoch nur für den Fall, daß kein abweichender Geschäftsgebrauch besteht. Dieser Kontrast begründet vielleicht — die Frage soll hier nicht entschieden werden — den Schluß, daß der Gesetzgeber die beiden Tatbestände nicht als rechtsähnlich angesehen hat, daß er absichtlich in § 13 AngG. keinen dem § 5 HAgG. entsprechenden Vorbehalt aufgenommen hat. Ein solcher Schluß würde einer analogen Anwendung der Vorschrift des § 5 HAgG. auf Angestellte und ebenso einer einschränkenden Auslegung des § 13 AngG. entgegenstehen. Man kann aber nicht arg. a contr. aus § 5 HAgG. schließen, daß die Beschränkung, die dort dem erwähnten Verbote beigefügt ist, nur bei Handelsagenten Platz greift und nicht auch bei angestellten Geschäftsvermittlern. Der Gesetzgeber hatte ja keinen Anlaß, in einem Gesetze über die „Rechtsverhältnisse der *Handelsagenten*" ausdrücklich oder auch nur konkludent das außerhalb des Aussagegebietes dieses Gesetzes liegende Rechtsverhältnis zwischen *Angestellten* und Prinzipal zu regeln.

der handelsrechtlichen Vorschrift schließt doch nicht aus, daß der Gesetzgeber gleichwohl die aufgestellte Regel bloß als für den Handelsverkehr passend angesehen hat, also die Rechtsähnlichkeit eines das Moment der Kaufmanns- oder Handelsgeschäftseigenschaft nicht aufweisenden Tatbestandes verneint. Auf eine solche — ungeachtet der Unzulässigkeit des Umkehrschlusses der Analogie entgegenstehende — Meinung des Gesetzgebers muß im allgemeinen schon aus dem Umstnde geschlossen werden, daß das bürgerliche Recht in demselben Gesetze enthalten ist, wie das Handelsrecht. Der Gesetzgeber gibt ja dadurch, daß er eine Vorschrift in den handelsrechtlichen und nicht in den allgemeinen Teil des Gesetzes einreiht in der Regel zu erkennen, daß er dem erwähnten Tatbestandselement — wenn auch vielleicht mit Unrecht — eine sachliche Bedeutung für die angeordnete Rechtsfolge beilegt. Eine Ausnahme greift dann Platz, wenn der Gesetzgeber gar nicht an die Möglichkeit gedacht hat, daß ein im handelsrechtlichen Teile geregelter Tatbestand sich auch bei Nichthandelsgeschäften oder Nichtkaufleuten ereignen kann, ebenso wenn der Gesetzgeber zwar erkannt hat, daß ein bestimmter Tatbestand das Element der Kaufmanns- oder Handelsgeschäftseigenschaft nicht notwendig enthalten muß, aber vorausgesetzt hat, daß er es tatsächlich fast immer enthält. In diesen Fällen läßt sich die Einreihung der Vorschrift in den handelsrechtlichen Teil mit der Absicht erklären, die Regel an der Stelle auszusprechen, auf die ihr beschränktes tatsächliches Anwendungsgebiet weist, also an der man sie im Hinblick auf diese Beschränkung zu suchen pflegt.[8] — Ebenso zu beurteilen sind die Fälle, in denen bürgerliches Recht und Handelsrecht zwar nicht gesonderte Teile eines Gesetzes bilden, in denen aber das das Handelsrecht ordnende Gesetz gleichzeitig mit demjenigen entstanden ist, das das allgemeine bürgerliche Recht enthält, also die Fälle, in denen das Handelsgesetzbuch und das bürgerliche Gesetzbuch zwar durch rechtliche gesonderte Gesetzgebungsakte ihre Wirksamkeit erlangt haben, aber doch auf einem einheitlichen Willen desselben historischen Gesetzgebers beruhen. Ein solcher einheitlicher Gesetzgeberwille umfaßt insbesondere auch das deutsche BGB. und das neue deutsche HGB., dessen Vorarbeiten unmittelbar nach Vollendung der zum BGB. begonnen wurden, und das gleichzeitig mit dem BGB. in Kraft getreten ist. Der deutsche Gesetzgeber hat bei der nahezu gleichzeitigen Neuordnung des Handelsrechts und des bürgerlichen Rechts Gelegenheit gehabt, eine Regel, die er auch außerhalb des Geltungsbereiches des Handelsrechts für richtig

[8] Nur aus dem im Texte angeführten Grunde haben anscheinend auch die Verfasser des ABGB. manche Regeln, die in den allgemeinen Teil des Obligationenrechts gehören, bloß für bestimmte einzelne Schuldverhältnisse ausgesprochen. Näheres hierüber in meiner Erläuterung zu § 7 ABGB. bei KLANG I S. 141.

erachtet, in das BGB. aufzunehmen und hat von dieser Gelegenheit auch ausgiebigen Gebrauch gemacht. Daher berechtigt die Tatsache, daß ein bestimmter Tatbestand im deutschen HGB. und nicht auch im BGB. geregelt erscheint, im allgemeinen zu dem Schluß, daß der Gesetzgeber dem Tatbestandselemente der Kaufmannseigenschaft oder dem der Kaufmanns- und Handelsgeschäftseigenschaft Bedeutung für die angeordnete Rechtsfolge beigelegt hat. Ein Beispiel für die bereits oben (S. 28) hervorgehobenen Ausnahmsfälle, in denen ein solcher Schluß nicht begründet erscheint, bietet der Spezifikationskauf: Der Gesetzgeber hat diesen wahrscheinlich nur deshalb nicht im BGB. sondern bloß im HGB. (§ 375) geregelt, weil er von der Annahme ausgegangen ist, daß der Spezifikationskauf immer oder doch so gut wie immer einen Handelskauf bildet, aber kaum deshalb, weil er die Regel des § 375 HGB. nur für einen Spezifikationskauf angemessen erachtet hat, den ein Kaufmann im Betriebe seines Handelsgewerbes schließt. Die analoge Anwendung des § 375 HGB. auf andere Spezifikationskäufe ist daher zulässig.[9] — Das deutsche HGB. gestattet dem Gesagten zufolge eine analoge Anwendung auf Nichthandelssachen nur innerhalb eines recht engen Gebietes. Außerhalb dieses ist aber die Analogie nicht etwa deshalb unzulässig, weil ihr ein Umkehrbeschluß entgegensteht;[10] sie scheitert vielmehr an dem Mangel der — vom Standpunkte des Gesetzgebers aus zu beurteilenden — Rechtsähnlichkeit der Tatbestände und damit sehr häufig auch schon an den Mangel einer Lücke des bürgerlichen Rechts. Zur Annahme einer solchen führt ja in vielen Fällen erst die Erkenntnis, daß ein im bürgerlichen Rechte nicht besonders geregelter Tatbestand dem einer handelsrechtlichen Vorschrift rechtsähnlich ist.[11]

Ein ganz andres Bild bietet die österreichische Rechtsordnung. Ihr bürgerliches Recht und ihr Handelsrecht beruhen ja nicht nur auf rechtlich gesonderten, sondern auch auf zeitlich weit auseinander fallenden Gesetzgebungsakten. Die Tatsache, daß eine Vorschrift des HGB. nur in diesem Gesetze und nicht in dem ein halbes Jahrhundert vorher erflossenen ABGB. enthalten ist, berechtigt daher nicht zu dem Schlusse, daß der Gesetzgeber dieser Vorschrift die Eignung zu einer Regel des bürgerlichen Rechts abspricht. Das ABGB. hat freilich nach Wirksamkeitsbeginn des HGB. zahlreiche Änderungen und Ergänzungen durch die drei Teilnovellen (1914 bis 1916) erfahren. Diese haben auch — dem Beispiele des deutschen BGB. folgend, — zahlreiche im HGB. für Kaufleute und Handelsgeschäfte ausgesprochene Regeln in das ABGB. auf-

---

[9] So auch Schreiber a. a. O. S. 169.

[10] Anders Friedrichs: Der allgemeine Teil des Rechts, S. 189, und im Handw. d. Rechtsw. I S. 136.

[11] S. unten S. 36.

genommen[12] und dadurch die entsprechenden Vorschriften, obwohl sie Bestandteile des HGB. geblieben sind, des Charakters handelsrechtlicher Sondernormen entkleidet.[13] Aus der Nichtaufnahme einer handelsrechtlichen Vorschrift in den novellierten Text des ABGB. kann aber nicht ohne weiteres geschlossen werden, daß der Gesetzgeber in dieser Vorschrift eine nur für den Handelsverkehr geeignete Regel erblickt hat. Mit der Novellierung des ABGB. war ja bloß eine — nicht nach bestimmten einheitlichen Grundsätzen begrenzte — Teilreform des bürgerlichen Rechts beabsichtigt. Der erwähnte Schluß ist daher nur dann möglich, wenn die Teile des ABGB., die überhaupt der Novellierung unterzogen wurden, Raum für die Aufnahme der nichtaufgenommenen Vorschrift geboten hätten. Diese Voraussetzung trifft z. B. bezüglich der Vorschrift des Art. 321 HGB. zu. Dort wird bestimmt, daß ein Vertrag zwischen Abwesenden, der durch rechtzeitiges (s. Art. 319) Einlangen der Annahmeerklärung zustande gekommen ist, als im Zeitpunkt ihrer Absendung abgeschlossen gilt. Diese Zurückziehung der Vertragswirkungen entspricht nicht einem besonderen Bedürfnisse des Handelsverkehrs;[14] sie ist daher, wenn überhaupt, für Nichthandelsgeschäfte geradeso am Platze, wie für Handelsgeschäfte[15]. Der Umstand, daß das ABGB. keine dem Art. 321

[12] S. hierüber meine „Richtlinien für eine Revision des HGB.", S. 13.

[13] Sie wären selbstverständlich, wenn die Teilreform des bürgerlichen Rechts von einer Neuordnung des Handelsrechts begleitet gewesen wäre, aus dem HGB. gestrichen worden. Aus der Unterlassung dieser Streichung ergibt sich folgende Rechtslage: Es gilt zwar für den Handelsverkehr und für den allgemeinen Verkehr die *gleiche* Regel; aber sie fließt nicht aus *einer* Rechtsquelle, sondern gilt für den Handelsverkehr auf Grund einer Vorschrift des HGB., für den übrigen Verkehr auf Grund einer übereinstimmenden Vorschrift des ABGB. Diese Verschiedenheit der Quelle entbehrt nicht der rechtlichen Bedeutung: Die Regel kann auch für den Handelsverkehr nicht durch eine entgegenstehende Handelsübung beseitigt werden, da Art. 1 HGB. auch in Handelssachen rechtserzeugende Kraft nur solchen Handelsbräuchen verleiht, die nicht mit einer Bestimmung des HGB. in Widerspruch stehen. Eine Änderung des ABGB. würde die in diesem und im HGB. ausgesprochene Regel nur für den Geltungsbereich des bürgerlichen Rechts aufheben, sie aber — da die Bestimmungen des HGB. in Handelssachen auch den jüngeren Vorschriften des bürgerlichen Rechts vorgehen (Art. 1) — innerhalb des Geltungsgebietes des HGB. unberührt lassen. — Die eben aufgezeigte Rechtslage ergibt sich natürlich auch hinsichtlich der Vorschriften des HGB., die für Kaufleute und Handelsgeschäfte Regeln aufstellen, die schon ursprünglich, nämlich zur Zeit des Wirksamkeitsbeginnes des HGB., auch im ABGB. ausgesprochen waren (s. unten bei N. 22).

[14] Ein solches wird auch in den Motiven zur entsprechenden Bestimmung des PrEntw. (S. 124) gar nicht behauptet; vgl. SCHOTT: Der obligatorische Vertrag unter Abwesenden, S. 117; anders HASENÖHRL: OblR., I S. 661 und zwar mit unbegründeter Berufung auf die angeführte Schrift SCHOTTS.

[15] Tatsächlich hat auch das SchwOR., dem Vorbilde des Dresdner Entwurfes folgend, die Regel des Art. 321 in das allgemeine Obligationenrecht (Art. 10) aufgenommen; s. hierüber TUHR: SchwOR., S. 169.

entsprechende Vorschrift enthält, würde der analogen Anwendung des Art. 321 auf Nichthandelsgeschäfte nicht entgegenstehen, wenn die Bestimmungen des ABGB. über den Vertragsabschluß unter Abwesenden *vor* dem HGB. erflossen wären. Die Bestimmungen der §§ 862, 862a beruhen aber auf der dritten Teilnovelle. Sie sind erkennbar den — im HHB. auch oft bezogenen — Vorschriften des HGB. über diesen Gegenstand angelehnt. Die Novellenverfasser können also unmöglich die Vorschrift des Art. 321 übersehen haben. Ihre Nichtaufnahme in den novellierten Text des ABGB. zeigt vielmehr, daß der Gesetzgeber die logische Konsequenz, daß die Wirkungen eines Vertrages erst im Zeitpunkte der Vollendung des Tatbestandes des Vertragsabschlusses,[16] also in dem Zeitpunkte beginnen, in dem die Annahmeerklärung „dem Antragsteller zugekommen ist" (§ 862a), nicht durch die Konzession durchbrechen wollten, die Art. 321 der „Übermittlungstheorie" macht.[17] Der Novellengesetzgeber hat also hinsichtlich der in Art. 321 angeordneten Rechtsfolge der Zurückziehung der Vertragswirkungen die Rechtsähnlichkeit des dort vorgesehenen Falles mit dem Fall verneint, daß der Vertrag, der zwischen Abwesenden durch rechzeitiges Einlangen der Annahmeerklärung beim Antragsteller zustande gekommen ist, kein Handelsgeschäft bildet.

Nicht aufgenommen in den novellierten Text des ABGB. wurde die Regel des Art. 322 HGB., daß eine Annahme unter Bedingungen oder Einschränkungen als Ablehnung des Antrages und als *neuer Antrag* gilt. Das dürfte aber bloß auf die herrschende,[18] jedoch nicht zutreffende[19] Meinung zurückzuführen sein, daß nicht nur der erste, sondern auch der zweite in Art. 322 ausgesprochene Rechtssatz selbstverständlich ist. Der Gesetzgeber hat also mit der Nichtaufnahme der Vorschrift des Art. 322 in das bürgerliche Recht nicht die Rechtsähnlichkeit einer bedingten oder eingeschränkten Annahme eines Antrages zu einem Nichthandelsgeschäfte mit dem in Art. 322 vorgesehenen Fall verneint.

Auch die Nichtaufnahme der Regel des Art. 296 gestattet keinen Schluß auf die Meinung des Novellengesetzgebers, daß diese Regel für Quittungen über Schulden aus Nichthandelsgeschäften nicht am Platze sei. Zur Einfügung dieser Regel in das System des ABGB. hätte es einer Ergänzung des § 1424 bedurft, der bestimmt „an wen" mit befreiender Wirkung gezahlt werden kann, oder einer Ergänzung der §§ 1027 bis 1033

---

[16] Tuhr a. a. O.; Staub^5, § 1 zu Art. 321.

[17] Siehe Schlesinger bei Klang, II, 2 S. 65.

[18] Hahn, § 1 zu Art. 322; Staub^5, § 3 zu Art. 322; Ehrenzweig, § 313 N. 15; Hasenöhrl, 1 653; Schlesinger bei Klang, II 2 S. 65; vgl. auch Mot. zum PrEntw. S. 124, und Mot. zum Württembergschen Entw., S. 249.

[19] Siehe Oertmann: BGB., Allgemeiner Teil, Bem. 1b zu § 150.

(„Stillschweigende Bevollmächtigung von Dienstpersonen"); die genannten Bestimmungen des ABGB. sind aber von den Novellen überhaupt nicht berührt worden.

Ebensowenig wie die Tatsache, daß eine im HGB. enthaltene Vorschrift in das ABGB., nämlich in seinen ursprünglichen Text, nicht aufgenommen wurde, die Meinung des Gesetzgebers anzeigt, daß die Vorschrift zu einer Regel des bürgerlichen Rechts nicht geeignet sei, drückt die Tatsache der Aufnahme einer Vorschrift in das HGB. die Meinung des Gesetzgebers aus, daß diese Vorschrift bloß eine für den Handelsverkehr geeignete Regel enthält. Die Abfassung des in Österreich geltenden HGB. war ja mit keiner Neuordnung des Zivilrechts der Staaten verbunden, auf deren Boden das HGB. Wirksamkeit erlangen sollte. Daher mußten die Verfasser des HGB. den Inhalt der — voneinander sehr verschiedenen — Zivilrechtsordnungen, neben denen das HGB. gelten sollte, als eine gegebene Tatsache hinnehmen. Die Verfasser des HGB. waren also nicht in der Lage Regeln, die sie zwar für den *Handels*verkehr, aber nicht *nur* für diesen als notwendig und zweckmäßig erachtet haben, dem bürgerlichen Rechte einzuverleiben.[20] Sie waren vielmehr genötigt, auch diese Rechtssätze, wenn sie nicht bereits im bürgerlichen Rechte, und zwar in dem bürgerlichen Rechte *aller* Staaten enthalten waren, für die das HGB. bestimmt war, zu einem Bestandteil dieses Gesetzbuches zu machen.[21] Dadurch ist es auch gekommen, daß das HGB. für Kaufleute und Handelsgeschäfte eine Reihe von Regeln aufstellt, die in Österreich[22] — ebenso wie in manchen anderen Staaten, in denen das HGB. Gesetzeskraft erlangen sollte und erlangt hat — bereits auf Grund des bürgerlichen Rechts, also auch außerhalb des Handelsverkehrs gegolten haben.

Einzelne deutsche Bundesstaaten haben in den Gesetzen, durch die sie dem — im Auftrage der Deutschen Bundesversammlung verfaßten — Entwurf eines HGB. für ihr Gebiet Gesetzeskraft verliehen hatten, auch die Geltung einzelner Bestimmungen dieses Gesetzbuches auf Nichtkaufleute und Nichthandelsgeschäfte ausgedehnt und damit diese Be-

---

[20] Vgl. Goldschmidt, I S. 374 N. 13.

[21] Goldschmidt a. a. O. bezeichnet solche im HGB. ausgesprochene Rechtssätze als „formelle Handelsrechtssätze". Aber gerade vom Standpunkte seiner Ansicht aus, daß auch diese Rechtssätze keine analoge Anwendung auf Nichthandelssachen zulassen (N. 13 a. E.) ist die erwähnte Bezeichnung nicht zutreffend. Sie würde überhaupt besser auf die oben (S. 4) erwähnten Vorschriften passen, die zwar in einem HGB. enthalten sind, aber überhaupt nicht an das Moment der Kaufmanns- oder Handelsgeschäftseigenschaft anknüpfen.

[22] Über diese Bestimmungen des HGB., die in Österreich niemals den Charakter von handelsrechtlichen Sondernormen gehabt haben, s. mein Lehrbuch d. HR., S. 18, und Staub-Pisko[3], Einleitung, I 2.

stimmungen zu Normen des allgemeinen bürgerlichen Rechts erhoben.[23] In solchen Einführungsgesetzen konnte unter Umständen der konkludente Ausdruck des Willens des Gesetzgebers erblickt werden, daß alle oder bestimmte von den erwähnten Anordnungen nicht getroffenen Vorschriften des HGB. für das bürgerliche Recht nicht gelten sollen, oder doch mindestens der Ausdruck der — auch der Analogie entgegenstehenden — Meinung des Gesetzgebers, daß diese Vorschriften Regeln enthalten, die bloß für Kaufleute oder Handelsgeschäfte geeignet erscheinen.[24] Das österreichische Einführungsgesetz zum HGB. hat gleich manchen Einführungsgesetzen anderer deutscher Bundesstaaten — insbesondere solcher mit kodifiziertem bürgerlichen Recht — überhaupt davon abgesehen, eine Erweiterung der Geltung von Vorschriften des HGB. auf Nichtkaufleute oder Nichthandelsgeschäfte anzuordnen. Aus der Unterlassung solcher Anordnungen kann aber gewiß nicht auf die Meinung des Gesetzgebers geschlossen werden, daß die Vorschriften des HGB., — die nicht einen in Österreich bereits dem bürgerlichen Rechte angehörigen Rechtssatz aussprechen, — eine nur für Kaufleute oder Handelsgeschäfte passende Regel enthalten, also nicht auf die Verneinung der Rechtsähnlichkeit der Tatbestände geschlossen werden, denen das Moment der Kaufmanns- oder Handelsgeschäftseigenschaft fehlt. Ein solcher Schluß wäre vielleicht begründet, wenn es einer allgemeinen gesetzgeberischen Übung und den Grundsätzen der Gesetzestechnik entspräche, das Geltungsgebiet von Vorschriften eines Handelsgesetzbuches, die in diesem bloß für Kaufleute oder Handelsgeschäfte ausgesprochen sind, aber auch für andere Personen und andere Geschäfte am Platze sind, durch Einführungsbestimmungen zu dem HGB. auf Nichtkaufleute und Nichthandelsgeschäfte zu erweitern oder wenigstens dann zu erweitern, wenn sich ein besonderes Einführungsgesetz schon aus anderen Gründen ohnehin als notwendig erweist. Gerade das Gegenteil ist der Fall: Ein Einführungsgesetz zu einem HGB., das die Geltung handelsrechtlicher Vorschriften auf Nichtkaufleute und Nichthandelsgeschäfte erweitert,

---

[23] S. die Zusammenstellung bei Riesser: Der Einfluß handelsrechtlicher Ideen auf den Entwurf eines BGB., S. 73ff.; vgl. auch Goldschmidt, I S. 129.

[24] Aus Einführungsbestimmungen, die die Geltung einzelner nach der Legalordnung gereihter Vorschriften des HGB. auf Nichtkaufleute und Nichthandelsgeschäfte ausdehnten (wie z. B. aus § 30 der Bremer EinfVdg.) konnte sicher im Wege des Umkehrschlusses der Rechtssatz abgeleitet werden, daß die in der Aufzählung übersprungenen Vorschriften für andere Personen als Kaufleute und andere Geschäfte als Handelsgeschäfte nicht gelten sollen. Ebenso hat die Bestimmung des § 26 des EinfGes. für Hamburg, daß die Regeln des Art. 291 auch dann gelten sollen, wenn ein Kaufmann mit einem Nichtkaufmann in laufender Rechnung steht, zu dem Umkehrschluß gezwungen, daß die erwähnten Regeln nicht gelten — also schon wegen dieses Umkehrschlusses nicht analog angewendet werden können —, wenn keinem der Kontokorrentteilnehmer Kaufmannseigenschaft zukommt.

stellt damit Normen des *bürgerlichen* Rechts auf. Diese Form der Setzung bürgerlichen Rechts verstößt aber gegen den — freilich gerade in jüngster Zeit oft verletzten — Grundsatz der Gesetzestechnik, daß ein Gesetz sich — wenigstens im wesentlichen — auf die Regelung von Gegenständen beschränken soll, auf die sein Titel weist. Niemand soll genötigt sein, die Regeln des bürgerlichen Rechts auch in einem Einführungsgesetze zu einem HGB. zu suchen. Zu dem geschilderten Wege, auf dem manche deutsche Bundesstaaten mit ihren Einführungsgesetzen zum HGB. auch in das bürgerliche Recht eingegriffen haben, hat wohl hauptsächlich der Mangel einer Kodifikation dieses Rechts geführt. Besteht jedoch eine solche, so läßt sich der erwähnte Weg nur in ganz besonderen Ausnahmsfällen rechtfertigen.

Zweites Kapitel.

§ 6.

Eine Lücke des bürgerlichen Rechtes.

Für eine analoge Anwendung des Handelsrechts auf Nichthandelssachen ist nur dann Raum, wenn das bürgerliche Recht eine Lücke bezüglich eines Tatbestandes aufweist, der im Handelsrecht für Kaufleute oder Handelsgeschäfte geregelt erscheint. Der Fall, daß das bürgerliche Recht überhaupt keine Norm für die Entscheidung eines solchen Tatbestandes gibt, daß also der Mangel einer Regel über diesen Tatbestand eine echte oder *logische* Lücke bildet,[1] wird freilich kaum vorkommen. Denn auch der Umstand, daß ein bestimmter Tatbestand im Gesetze überhaupt nicht vorgesehen ist: weder besonders erwähnt, noch von einer allgemeinen Vorschrift erfaßt wird, begründet nicht immer eine logische Lücke, nicht immer die logische Unmöglichkeit einer Entscheidung. Eine Entscheidungsnorm böte ja sehr oft der allgemeine Grundsatz, daß ein Tatbestand, an den die Rechtsordnung keine Rechtsfolgen knüpft, eben der rechtlichen Erheblichkeit entbehrt, daher insbesondere weder einen Anspruch noch eine Einrede zu begründen vermag.[2] Immerhin sind — was freilich bestritten wird[3] — Fälle denkbar, in denen sich auch aus dem oben erwähnten Grundsatze keine Entscheidungsnorm gewinnen läßt.[4] Auch im österreichischen bürgerlichen Rechte finden sich

---

[1] S. hierzu und zum Folgenden insbes.: BRINZ, Krit. ViertelјSchr., 15 S. 164; ZITELMANN: Lücken im Recht (1903); BIERLING: Juristische Prinzipienlehre, IV S. 383ff.; REICHEL: Zu den Einleitungsartikeln des SchwZGB. (in Festgabe für Stammler, 1926); SOMLÓ: Juristische Grundlehre², S. 399ff.; VERDROSS: Die Verfassung der Völkerrechtsgemeinschaft, S. 71; KELSEN: Reine Rechtslehre, S. 100 bis 106.

[2] S. insbes. BRINZ a. a. O.; SOMLÓ a. a. O. S. 402; VERDROSS a. a. O.; KELSEN a. a. O. S. 100; dagegen BIERLING a. a. O. S. 386.

[3] S. insbes. KELSEN a. a. O. S. 103.

[4] Vgl. TUHR: BürgR., I S. 43.

einige, freilich sehr wenige, logische Lücken.[5] Sie kommen hier nicht weiter in Betracht, da zu ihrer Ausfüllung keine einen rechtsähnlichen Tatbestand regelnde handelsrechtliche Vorschrift zur Verfügung steht. — Der logischen Lücke stellt man die Lücke im *rechtspolitischen* Sinn gegenüber. Eine solche liegt dann vor, wenn das Gesetz zwar logisch eine Entscheidung ermöglicht, aber infolge des Mangels einer besonderen, den Eigentümlichkeiten des zu entscheidenden Falles Rechnung tragenden Vorschrift, keine sachlich befriedigende und daher keine dem mutmaßlichen Willen des Gesetzgebers entsprechende Entscheidung.[6] Die Anwendung der Analogie wird auch durch eine bloß rechtspolitische Lücke gerechtfertigt,[7] es wäre denn, daß das positive Gesetz ihre Anwendung auf logische Lücken beschränkt. Das österreichische Recht ordnet keine solche Beschränkung an. Es ist vielmehr ganz sicher, daß § 7 ABGB. mit den Worten: „Läßt sich ein Rechtsfall weder aus den Worten, noch aus dem natürlichen Sinn des Gesetzes entscheiden," auch bloß rechtspolitische Lücken treffen will.[8]

Eine rechtspolitische Lücke kann einmal durch entstehen, daß es überhaupt an einer Vorschrift fehlt, die den zu entscheidenden Tatbestand erfaßt: Auch wenn der Mangel einer solchen Vorschrift keine logische Lücke begründet, liegt eine Lücke im rechtspolitischen Sinne vor, wenn die Anwendung des oben (s. S. 34) erwähnten allgemeinen Grundsatzes also die logische Konsequenz aus der Tatsache, daß das Gesetz an den zu entscheidenden Tatbestand keine Rechtsfolge knüpft, dem mutmaßlichen Willen des Gesetzgebers nicht entspricht. Eine rechts-

[5] S. hierüber meine Ausführungen bei Klang, I S. 135, und Schreier: Die Interpretation der Gesetze und Rechtsgeschäfte, S. 50.

[6] Reichel a. a. O. bezeichnet solche Lücken als „verdeckte" Lücken, da die logische Möglichkeit einer Entscheidung auf Grund des Gesetzes den äußeren Schein der Lückenlosigkeit erweckt.

[7] So die herrschende Ansicht (s. z. B. für das deutsche Recht Tuhr a. a. O., für das Schweizer Recht Reichel a. a. O.), anders Somló a. a. O. S. 410.

[8] S. hierüber meine Ausführungen bei Klang, I S. 136, das dort bezogene Schrifttum, und dazu Kelsen a. a. O. S. 105. Auch in den Fällen, in denen die Rechtsprechung zur Analogie gegriffen hat, handelte es sich immer um eine rechtspolitische Lücke. Daß auch eine solche die Analogie — und wenn diese versagt, die Anwendung der „natürlichen Rechtsgrundsätze" — rechtfertigen kann, wird übrigens vom OGH. sogar ausdrücklich anerkannt, indem er (GlUNF. 2200) ausführt: „Es ist auch der Richter nicht gezwungen, einen Rechtsfall nach gesetzlichen Normen zu entscheiden, gegen deren Anwendung Bedenken obwalten und für welche weder der klare Wortlaut noch die Absicht des Gesetzgebers spricht." — Nur auf *rechtspolitische* Lücken kann sich das Analogieverbot des Art. IV des KundmPat. zum StG., das Verbot einer analogen Erweiterung der gesetzlichen Deliktstatbestände, beziehen. Denn der in der angeführten Bestimmung vorausgesetzte Mangel einer Vorschrift, die ein bestimmtes Verhalten mit Strafe bedroht, macht eine Entscheidung über die Strafbarkeit dieses Verhaltens doch nicht unmöglich, kann also niemals eine *logische* Lücke begründen.

politische Lücke liegt weiters dann vor, wenn ein im Gesetz nicht *besonders* geregelter Tatbestand zwar unter eine *allgemeine* Vorschrift fällt, aber unter eine Vorschrift, deren Anwendung zu keiner sachlich befriedigenden Entscheidung führen würde, so daß anzunehmen ist, daß der Gesetzgeber den Tatbestand der ihn erfassenden allgemeinen Vorschrift entzogen hätte, wenn er seiner gedacht oder einen Anlaß zur Aufstellung einer besonderen Regel für ihn gehabt hätte. Zur Erkenntnis einer rechtspolitischen Lücke führt jedoch im ersten Falle häufig und im zweiten Falle fast immer erst eine Vorschrift, die einen rechtsähnlichen Tatbestand regelt:[9] Man würde allerdings in dem Mangel einer allgemeinen gesetzlichen Vorschrift über die Änderung der Satzung eines Vereines vielleicht auch dann eine Lücke im rechtspolitischen Sinn erkennen und die logische Konsequenz aus diesem Mangel, nämlich das Erfordernis der Zustimmung aller Mitglieder zur Satzungsänderung ablehnen,[10] wenn nicht das HGB. und andere Sondergesetze einen Mehrheitsbeschluß der zur Generalversammlung ordnungsmäßig geladenen Mitglieder für ausreichend erklärt hätten. Der Umstand allein, daß § 1424 ABGB. einer Zahlung, die nicht an den Gläubiger oder an dessen Machthaber geleistet wurde, ganz vorbehaltslos befreiende Wirkung abspricht und auch nicht den Fall ausnimmt, daß die Zahlung an den nicht zum Empfange ermächtigten Überbringer einer vom Gläubiger ausgestellten Quittung geleistet wurde, würde dagegen kaum eine Lücke bezüglich dieses Tatbestandes vermuten lassen. Der Gedanke, daß eine solche — der Anwendung der Analogie Raum gebende — Lücke vorliegt, entsteht überhaupt erst dadurch, daß Art. 296 HBGB. den erwähnten Fall für Handelsgeschäfte abweichend von der allgemeinen Vorschrift des § 1424 regelt. — Die gedanklich voneinander ganz verschiedenen Fragen, ob bezüglich eines bestimmten Tatbestandes eine Lücke vorliegt und ob diese durch eine einen rechtsähnlichen Tatbestand regelnde Vorschrift ausgefüllt werden kann, fallen also außerhalb des engen Gebietes der echten logischen Lücken tatsächlich sehr häufig zum Teile zusammen. Das trifft auch dann zu, wenn darüber zu entscheiden ist, ob eine handelsrechtliche Vorschrift eine analoge Anwendung auf Nichtkaufleute oder Nichthandelsgeschäfte gestattet. Denn eine positive Feststellung der primären Voraussetzung dieser Analogie, nämlich die Feststellung, daß das bürgerliche Recht eine Lücke bezüglich eines Tatbestandes aufweist, den das Handelsrecht — aber eben nur für Handelsgeschäfte oder Kaufleute — regelt, ist meistens erst auf Grund der Erkenntnis möglich, daß das Moment der Kaufmanns- oder Handelsgeschäftseigenschaft in keinem Zusammenhange mit der in der handelsrechtlichen Vorschrift angeord-

[9] S. meine Ausführungen bei KLANG, I S. 138.
[10] S. unten S. 93.

neten Rechtsfolge steht, daß also ein dieses Momentes entbehrender aber im übrigen gleicher Tatbestand dem der handelsrechtlichen Vorschrift rechtsähnlich erscheint. Dagegen ist die negative Erkenntnis, daß das bürgerliche Recht bezüglich eines im Handelsrechte für Kaufleute oder Handelsgeschäfte geregelten Tatbestandes keine Lücke aufweist, also die Erkenntnis, daß es schon an der primären Voraussetzung für eine Analogie fehlt, unter Umständen von der Entscheidung der Frage nach der erwähnten Rechtsähnlichkeit ganz unabhängig, also ganz unabhängig von der sachlichen Bedeutung, die dem Tatbestandselemente der Kaufmanns- oder Handelsgeschäftseigenschaft für die Rechtsfolge der handelsrechtlichen Vorschrift zukommt:

1. Eine handelsrechtliche Vorschrift kann zweifellos dann keine — ihrer analogen Anwendung Raum gebende — Lücke des bürgerlichen Rechts anzeigen, wenn dieses eine *besondere* Vorschrift für einen Tatbestand gibt, der sich von dem der handelsrechtlichen Vorschrift bloß durch das — wenn gleich als sachlich belanglos erkannte — Element der Kaufmanns- oder Handelsgeschäftseigenschaft unterscheidet, sich also von diesem Elemente abgesehen vollkommen mit dem Tatbestand der handelsrechtlichen Vorschrift deckt. Aus diesem Grunde ist daher z. B. eine analoge Anwendung des Art. 280 (Solidarhaft mehrerer Schuldner aus einem Geschäfte, das auf ihrer Seite ein Handelsgeschäft bildet), des Art. 283 (Haftung für entgangenen Gewinn bei jedem Grad des Verschuldens), des Art. 286 (Ausschluß der Anfechtung wegen Verletzung über die Hälfte) auf Nichthandelsgeschäfte ausgeschlossen. Denn gerade die in diesen Artikeln für Handelsgeschäfte geregelten Tatbestände sind auch im ABGB. (s. § 888, § 1324 in Verbindung mit § 1295, I, § 934) anders geregelt.

2. Das Gegenstück bilden die Fälle, in denen ein Tatbestand, den das Handelsrecht für Kaufleute oder Handelsgeschäfte regelt, weder im bürgerlichen Rechte besonders vorgesehen, noch in einem weiteren Tatbestand einer Vorschrift des bürgerlichen Rechts mit eingeschlossen erscheint. Es mangelt also überhaupt an einer den Tatbestand der handelsrechtlichen Regel unmittelbar treffenden Vorschrift des bürgerlichen Rechts. Ein solcher Mangel kann zuweilen eine logische Lücke begründen oder, wie z. B. der bereits erwähnte Mangel eines allgemeinen privaten Vereinsrechts (s. oben S. 36) schon an sich, also ohne Rücksicht auf eine einen rechtsähnlichen Tatbestand regelnde Vorschrift des Handelsrechts eine rechtspolitische Lücke erkennen lassen. Auf eine solche ist aber mit Sicherheit jedenfalls dann zu schließen, wenn dem Tatbestandselemente der Kaufmanns- oder Handelsgeschäftseigenschaft jede Bedeutung für die Rechtsfolge der handelsrechtlichen Vorschrift fehlt, der Tatbestand dieser Vorschrift also dem im bürgerlichen Recht überhaupt nicht geregelten Tatbestand rechtsähnlich erscheint. Ein Beispiel bietet der Fall,

daß der Mandatar das aufgetragene Geschäft in eigenem Namen, also nur auf Rechnung des Auftragsgebers geschlossen hat und daß die Gläubiger des Mandatars zu ihrer Befriedigung auf die Forderung greifen, die der Mandatar aus dem Geschäfte gegen den Dritten erworben hat. Das bürgerliche Recht schweigt über diesen Fall. Dieses Schweigen begründet gewiß keine logische Lücke. Denn der allgemeine Rechtsgrundsatz, daß Forderungen aus einem Geschäfte in der Person desjenigen entstehen, der es geschlossen hat oder in dessen Namen es geschlossen wurde, und der Rechtsgrundsatz, daß das gesamte nicht durch besondere Vorschriften der Exekution entzogene Vermögen des Schuldners ein Befriedigungsobjekt für seine Gläubiger bildet, macht eine Entscheidung möglich; die Entscheidung ginge dahin, daß der Mandant einen solchen Zugriff der Gläubiger des Mandatars nicht hindern kann. Bedenken, ob diese logische Konsequenz wirklich dem Willen des Gesetzgebers entspricht, ob dessen Schweigen nicht eine rechtspolitische Lücke begründet, ergeben sich aber aus der Bestimmung des Art. 368 II, HGB., daß Forderungen des Kommissionärs aus dem in Ausführung der Kommission abgeschlossenen Geschäfte im Verhältnis zwischen dem Kommittenten und den Gläubigern des Kommissionärs als Forderungen des Kommittenten gelten. Dieses Bedenken erscheint begründet und damit eine rechtspolitische Lücke aufgedeckt, wenn man zur Erkenntnis gelangt, daß des Rechtsgrund für die Regel des Art. 368 II bei jedem Mandat zutrifft. Die Frage, ob das bürgerliche Recht eine der analogen Anwendung des Art. 368 II, HGB. raumgebende Lücke aufweist, ist also letzten Endes bloß eine Frage der Rechtsähnlichkeit der Tatbestände (s. hierüber unten S. 67).

3. Zweifel können sich in den Fällen ergeben, in denen ein im Handelsrecht für Kaufleute oder Handelsgeschäfte geregelter Tatbestand im bürgerlichen Rechte nicht besonders vorgesehen ist, aber unmittelbar von einer eine allgemeine Regel enthaltenden Vorschrift erfaßt wird, also in dem Tatbestand dieser mit eingeschlossen erscheint. Eine solche Vorschrift schließt eine analoge Anwendung des Handelsrechts nicht immer aus. Sie schneidet nicht stets die Möglichkeit ab, bloß aus der handelsrechtlichen Vorschrift und aus der Unerheblichkeit des Tatbestandselements der Kaufmanns- oder Handelsgeschäftseigenschaft auf eine Lücke (in rechtspolitischem Sinn) des bürgerlichen Rechts zu schließen. Diese Möglichkeit ist aber keineswegs in allen Fällen gegeben, in denen der Tatbestand der Vorschrift des bürgerlichen Rechts sich mit dem der handelsrechtlichen Vorschrift — auch abgesehen von dem Tatbestandselemente der Kaufmanns- oder Handelsgeschäftseigenschaft — nicht vollkommen deckt, sich also diesem Tatbestande gegenüber auch abgesehen von dem erwähnten Elemente als der weitere darstellt. Die Möglichkeit des Schlusses auf eine Lücke besteht vielmehr nur dann, wenn die Annahme zulässig ist, der Gesetzgeber habe überhaupt nicht

an den engeren Tatbestand oder nicht daran gedacht, daß dieser sich auch außerhalb des Handelsrechts verwirklichen könne. Im anderen Falle, nämlich in dem Falle, daß der Gesetzgeber die Regel tatsächlich auch auf den engeren — im Handelsrechte anders geregelten — Tatbestand erstrecken *wollte*, führt die Unerheblichkeit des Tatbestandselements der Kaufmanns- oder Handelsgeschäftseigenschaft nicht zur Erkenntnis einer Lücke des bürgerlichen Rechts, sondern einfach zur Erkenntnis, daß der Gesetzgeber zwei rechtsähnliche Tatbestände verschieden geregelt hat. Der erwähnte Wille des Gesetzgebers kann sich aus den Gesetzesmaterialen aber auch aus anderen Umständen ergeben, so insbesondere daraus, daß der engere Tatbestand nicht eine seltene, sondern eine häufige oder gar die regelmäßige Erscheinungsform des weiteren Tatbestands bildet. Von Bedeutung kann auch der Umstand sein, ob die Vorschrift des bürgerlichen Rechts erst *nach* der handelsrechtlichen Vorschrift erflossen ist oder bereits *vor* dieser. Die Anwendung dieser Leitsätze soll an einigen Beispielen gezeigt werden:

Die novellierten §§ 918, 920, 921 bestimmen die Rechtsfolgen der verzögerten Erfüllung eines „entgeltlichen Vertrages". Aber ganz sicher denkt der Gesetzgeber, wenn er von entgeltlichen Verträgen spricht, auch, ja sogar zunächst, an Kaufverträge. Das ergibt sich, wenn es überhaupt eines Beweises bedarf, aus den Gesetzesmaterialien und auch aus der Vorschrift des § 918, II über Sukzessivlieferungsverträge. Die Annahme einer Lücke bezüglich des Erfüllungsverzuges beim Kaufvertrage ließe sich daher auch nicht mit der Feststellung begründen, daß die zum Teile verschiedenen Rechtsfolgen, die die Art. 354 bis 359 HGB. an den Erfüllungsverzug beim Handelskauf knüpfen, in gar keinem Zusammenhange mit den Momenten stehen, die einen Kauf zum Handelskauf machen. Eine Verschiedenheit liegt unter anderen darin, daß § 918, wie aus § 921 Satz 2 hervorgeht, das Rücktrittsrecht dem vertragstreuen Teil auch dann gewährt, wenn er die ihm obliegende Leitung bereits bewirkt hat, während Art. 354 HGB. das Rücktrittsrecht des Verkäufers wegen Zahlungsverzuges des Käufers auf den Fall beschränkt, daß der Verkäufer die Ware noch nicht geliefert hat. Mit Unrecht wird nun behauptet,[11] daß sich aus Art. 354[12] die nämliche Beschränkung für einen nach bürgerlichem Recht zu beurteilenden Kaufvertrag ergebe. Die analoge Anwendung der genannten Vorschrift scheitert aber schon an dem Mangel einer Lücke;[13] übrigens würde es auch an der Voraussetzung der Rechts-

[11] OGH. in SZ. III/123; EHRENZWEIG, § 320 II 5.

[12] Der OGH. spricht zwar nicht von Analogie, sondern deutet mit den Worten „umso weniger" auf ein arg. a maiori ad minus. Es kann aber kein *auslegender* Größenschluß in Betracht kommen, sondern nur ein *lückenausfüllender*, also der Analogie zuzurechnender Größenschluß; s. hierüber meine oben (S. 17 N. 18) angeführte Abhandlung.

[13] S. meine Ausführungen bei KLANG, II 2 S. 473.

ähnlichkeit der Tatbestände fehlen.[14] Eine Lücke bezüglich eines für den Handelskauf geregelten Tatbestandes lassen die §§ 918, 919, 921 nur dadurch offen, daß die Rechtsfolgen des Teilverzuges — im Gegensatze zu Art. 359 HGB. — bloß für Sukzessivlieferungsverträge (§ 918 II) bestimmt werden. Für eine analoge Anwendung des Art. 359 auf andere Fälle des Teilverzuges beim Nichthandelskaufe[15] ist also jedenfalls eine Voraussetzung gegeben, nämlich die einer Lücke des bürgerlichen Rechts. — Zum Teile abweichend von den §§ 918ff, ist auch im HGB. (Art. 394 II) ein besonderer Fall der verzögerten Erfüllung des Frachtvertrages geregelt. Jedoch stehen die Bestimmungen der §§ 918ff. der analogen Anwendung der angeführten Bestimmung des HGB. auf solche Güterbeförderungsverträge nicht entgegen, die weder gemäß Art. 390 noch gemäß Art. 420 den Vorschriften des fünften Titels des vierten Buches „Von dem Frachtgeschäfte" unterliegen. Denn es ist kaum anzunehmen, daß der Gesetzgeber bei den novellierten §§ 918ff. an den seltenen Fall eines nach bürgerlichem Recht zu beurteilenden Güterbeförderungsvertrages gedacht hat, also die für entgeltliche Verträge aufgestellten Regeln auch auf einen solchen Vertrag erstrecken wollte. — Der Gesetzgeber dürfte auch nicht an Güterbeförderungsverträge gedacht haben, wenn er in § 881 II die Frage beantwortet, ob und in welchem Zeitpunkte aus einem Vertrage auf Leistung an einen Dritten dieser ein Recht erwirbt. § 881 II steht daher einer analogen Anwendung der Bestimmungen der Art. 404, 405 HGB. nicht entgegen, die die dort angeführten Rechte dem Empfänger ohne Rücksicht auf die in § 881 II angegebenen Umstände des Einzelfalles gewähren und auch ohne Rücksicht auf diese Umstände den Zeitpunkt der Entstehung der Rechte des Empfängers bestimmen. Vielmehr könnte die Feststellung der Rechtsähnlichkeit der Tatbestände (s. hierüber unten S. 58) eine der erwähnten Analogie raumgebende Lücke aufdecken. — Der in § 906 ABGB. vorgesehene Tatbestand, daß der Vertrag „auf mehrere Arten erfüllt werden kann" ist sowohl bei einer Wahlschuld als auch bei einer Gattungsschuld gegeben.[16] Die Annahme, daß der Gesetzgeber nicht an diese *beiden* Arten von Schulden, sondern nur an die erste gedacht hat, ist schon an sich sehr unwahrscheinlich. Gegen diese Annahme spricht aber auch der Umstand, daß das ABGB. in § 656 besondere Bestimmungen über das Vermächtnis einer gattungsmäßig bestimmten Sache gibt. Auf den Gedanken an Gattungsschulden mußte weiters die Urheber

---

[14] S. meine Ausführungen bei KLANG, II 2 S. 480, 484.

[15] S. hierüber unten S. 111.

[16] So schon ZEILLER, III 94; ebenso CANSTEIN: Lehrb. d. Handelsr., II 130; KRASNOPOLSKI-KAFKA: Obligationenrecht, III S. 30; EHRENZWEIG, § 297 II, und mit guter Begründung GSCHNITZER bei KLANG, II 2 S. 386.

des ABGB. das — bei Abfassung des § 906 gewiß nicht unberücksichtigt gelassene — ALR. führen. Dieses gibt eine besondere Vorschrift über Wahlschulden (I 5. Tit. § 274) und in dem unmittelbar folgenden Paragraphen eine solche über Gattungsschulden. Wahrscheinlich sollten diese beiden Vorschriften durch eine, nämlich die des § 906, ersetzt werden. Es läßt sich also mit ziemlicher Sicherheit feststellen, daß der Gesetzgeber mit der Bestimmung des § 906 auch Gattungsschulden treffen wollte. Bei diesen erstreckt sich das dem Verpflichteten zustehende Wahlrecht auf alle der geschuldeten Gattung angehörenden Stücke, also auch auf solche von geringerer als der gewöhnlichen oder mittleren Art und Güte. Daher kann die Vorschrift des Art. 335 HGB., daß der Gattungsschuldner zur Leistung von Ware mittlerer Art und Güte verpflichtet ist, auf Gattungsschulden aus Nichthandelsgeschäften nicht analog angewendet werden. Angesichts des Inhaltes des § 906 und des aufgezeigten Willens des Gesetzgebers fehlt es eben an einer Lücke. Die Annahme einer solchen ist aus dem angeführten Grunde ausgeschlossen, obwohl dem Tatbestandselemente der Handelsgeschäftseigenschaft für die in Art. 335 angeordnete Rechtsfolge eine sachliche Bedeutung nicht zukommt und auch vom Gesetzgeber nicht beigelegt wurde.[17] Auf einem ganz anderen Gebiet liegt die — hier nicht näher zu untersuchende — Frage, ob nicht die Auslegung des Parteiwillens und die Bedachtnahme auf die Verkehrsübung wenigstens unter Umständen außerhalb des Geltungsgebietes des HGB. zu denselben Ergebnis führt wie bei Handelsgeschäften die Anwendung des Art. 335.[18] — Der novellierte § 905 ABGB. bestimmt, daß Vertragsschulden am Wohnorte oder Niederlassungsorte des Schuldners zu erfüllen sind, wenn sich weder aus der Vereinbarung noch aus der Natur oder dem Zwecke des Geschäftes ein anderer Erfüllungsort ergibt. Diese Ergänzungsvorschrift ergreift auch den im Art. 324 II HGB. anders geregelten Fall, daß eine individuell bestimmte Sache geschuldet wird, die sich zur Zeit des Vertragsabschlusses mit Wissen der Vertragsteile an einem anderen Orte befunden hat. Die Novellenverfasser haben, wie sich aus dem HHB. ergibt, diesen Fall nicht übersehen, sondern wollten auch ihn — in bewußter Abweichung vom HGB. — der allgemeinen Regel unterwerfen. Dadurch erscheint die Annahme einer Lücke und eine analoge Anwendung der Sondervorschrift des Art. 324 II selbst dann ausgeschlossen, wenn sein rechtspolitisches Motiv auch für andere Verträge als Handelsgeschäfte zutrifft. Offen bleibt freilich die Frage, ob unter den Vorausetzungen des Art. 324 II HGB. die Unterlassung der Vereinbarung eines Erfüllungsortes nicht als eine — die ergänzende Regel des § 905 verdrängende — stillschweigende Vereinbarung anzu-

---

[17] Siehe Mot. zum PrEntw. S. 129.

[18] Siehe Ehrenzweig a. a. O., Gschnitzer a. a. O.

sehen ist, daß der Ort der belegenen Sache Erfüllungsort sein soll.[19] Die Frage, ob dem Schweigen der Parteien diese Konkludenz zukommt, kann aber nur unter Bedachtnahme auf die Umstände des einzelnen Falles und die Verkehrsübung beantwortet werden. — Der Gesetzgeber dürfte bei der — bereits erwähnten (s. oben S. 31) — Vorschrift des § 1424 kaum an den gewiß nicht sehr häufigen, aber durch den Gesetzeswortlaut mitgetroffenen Fall gedacht haben, daß der nicht zum Inkasso bevollmächtigte Zahlungsempfänger eine vom Gläubiger ausgestellte — aber ihm von diesem nicht zum Zwecke des Inkasso übergebene — Quittung vorgewiesen hat. Die Vorschrift des Art. 296 HGB., die diesen Fall für Handelsgeschäfte regelt, ist daher geeignet, eine der analogen Anwendung dieser Vorschrift raumgebende Lücke des bürgerlichen Rechts aufzudecken, wenn der Handelsgeschäftseigenschaft jede Bedeutung für die in Art. 296 angeordnete Rechtsfolge abgesprochen werden muß (s. hierüber unten S. 103).

Eine Regel des bürgerlichen Rechts, die dem oben Gesagten zufolge das Vorhandenseins einer Lücke und damit die analoge Anwendung einer — wenngleich einen rechtsähnlichen Tatbestand regelnden — Vorschrift des HGB. ausschließt, kann sowohl auf einer ausdrücklichen als auch auf einer bloß konkludenten Erklärung des Gesetzgebers beruhen. Mit anderen Worten: Rechtssätzen des bürgerlichen Rechts, die im Hinblick auf ihren Inhalt eine analoge Anwendung des Handelsrechts ausschließen, kommt diese Wirkung auch dann zu, wenn sie bloß im Wege des Umkehrschlusses aus einer Bestimmung des bürgerlichen Rechts abzuleiten sind.[20]

---

[19] Siehe EHRENZWEIG, § 304 I, der aber wohl zu weit geht, wenn er meint, daß eine solche stillschweigende Vereinbarung meistens anzunehmen sein wird.

[20] Das wurde bereits — wenn auch mit anderen Worten — in der oben (§ 1 N. 2) angeführten Abhandlung aus dem Jahre 1863 hervorgehoben.

Besonderer Teil.

Die analoge Anwendung des österreichischen Handelsgesetzbuches auf Nichtkaufleute und Nichthandelsgeschäfte.

§ 7.

Vorbemerkung.

Die bloße Tatsache, daß eine Vorschrift im HGB. enthalten ist, bietet — wie gezeigt — noch gar keinen Anhaltspunkt für die Annahme, daß der Gesetzgeber in dieser Vorschrift eine nur für den Handelsverkehr geeignete Regel erblickt hat, daß er dem Tatbestandselemente der Kaufmanns- oder Handelsgeschäftseigenschaft Erheblichkeit für die angeordnete Rechtsfolge beilegt, also die Rechtsähnlichkeit eines Tatbestandes verneint, dem dieses Element fehlt. Jedoch können besondere Umstände den Schluß begründen, daß der Gesetzgeber bei einzelnen Vorschriften von der erwähnten einer Analogie entgegenstehenden Auffassung ausgegangen ist.

Erster Abschnitt.

§ 8.

Vorschriften, deren Tatbestand bereits eine analoge Anwendung auf Nichtkaufleute und Nichthandelsgeschäfte unzulässig macht.

Zur Erkenntnis, daß der Gesetzgeber das Tatbestandselement der Kaufmanns- oder Handelsgeschäftseigenschaft — wenn auch viellleicht ohne zureichenden Grund — für rechtserheblich erachtet, kann bereits der Inhalt des *Tatbestandes* einer Vorschrift des HGB. führen.

Im Gegensatze zu manchen Vorschriften, bei denen der umschriebene Tatbestand erst im Hinblick auf die Zugehörigkeit der Vorschrift zum HGB. oder ihre Stellung in dessen System durch das — nicht besonders genannte — Element der Kaufmanns- oder Handelsgeschäftseigenschaft ergänzt werden muß (s. z. B. Art. 50, 51, 283, 284, 285, 294 bis 296, 335 bis 359) wird dieses Element im Tatbestande anderer Vorschriften ausdrücklich hervorgehoben: entweder unmittelbar (s. z. B. Art. 278, 287) oder mittelbar durch Hinweis auf einen Begriff (Prokura, Handlungsvollmacht, Firma usw.), der dieses Element als Merkmal in sich schließt. Aus einer solchen Art der Tatbestandsumschreibung kann allerdings noch nicht geschlossen werden, daß der Gesetzgeber dem Tatbestandselemente der Kaufmanns- oder Handelsgeschäftseigenschaft Erheblichkeit für die angeordnete Rechtsfolge beilegt. Die ausdrückliche Aufnahme dieses Elements in den Tatbestand läßt sich nämlich häufig auf sprachliche Gründe zurückführen; oft entspringt sie auch der Absicht des Gesetzgebers, auch den Schein zu vermeiden, als wolle er die Grenzen des sachlichen Gebietes des HGB. oder die Grenzen überschreiten, die sich für das Aussagegebiet einer einzelnen Bestimmung aus ihrer Stellung im System des Gesetzbuches ergeben.

Ist jedoch eine Vorschrift auf *beiderseitige* Handelsgeschäfte beschränkt (s. z. B. Art. 288, 311, 313) oder auf Geschäfte, die auf Seite eines *bestimmten Vertragsteiles* Handelsgeschäfte sind (s. Art. 282, 288), so zeigt der Gesetzgeber durch eine solche Qualifikation des in den Tatbestand aufgenommenen Momentes der Handelsgeschäftseigenschaft, daß er diesem Momente eine Bedeutung für die angeordnete Rechtsfolge beilegt. Die erwähnten Vorschriften gestatten also schon infolge Mangels der — jedenfalls vom Standpunkte des Gesetzgebers aus zu verneinenden — Rechtsähnlichkeit der Tatbestände keine analoge Anwendung auf Nichthandelsgeschäfte. Auf dem Boden des österreichischen bürgerlichen Rechts würde für eine solche Analogie freilich auch meistens die Voraussetzung einer Lücke des ABGB. fehlen. Ebenso müßte dann, wenn der Gesetzgeber in einer *einzelnen* Vorschrift nicht von Kaufleuten sondern von *Voll*kaufleuten spräche, schon aus dieser — zur Wahrung der Grenzen des sachlichen Geltungsgebietes des HGB. gar nicht notwendigen — Qualifikation des Momentes der Kaufmannseigenschaft geschlossen werden, daß dieses Moment nach der Meinung des Gesetzgebers einer sachlichen Bedeutung für die angeordnete Rechtsfolge nicht entbehrt. Das HGB. enthält allerdings keine Vorschriften dieses Inhaltes;[1] es schränkt nur *allgemein* (Art. 10) das Anwendungsgebiet ganzer Gruppen gewisser Vorschriften auf Vollkaufleute ein. Daraus ergibt sich aber nicht, daß der Gesetzgeber bei allen diesen Gruppen angehörenden Vorschriften dem Momente der Vollkaufmannseigenschaft oder auch nur dem der Kaufmannseigenschaft Bedeutung für die angeordnete Rechtsfolge beilegt (s. hierüber unten S. 81, 88).

Einen Teil des Tatbestandes mancher Vorschriften bildet neben dem bereits die sachliche Geltung des HGB. begründenden Elemente der

[1] S. jedoch §§ 348, 349, 350 (in Verbindung mit § 351) DHGB. Eine analoge Anwendung der angeführten Vorschriften auf Nichtkaufleute käme freilich auch dann nicht in Betracht, wenn sie nicht ausdrücklich auf Vollkaufleute eingeschränkt wären.

Handelsgeschäftseigenschaft auch noch die *Kaufmannseigenschaft* eines oder beider Beteiligter (s. z. B. Art. 289, 292 II, 297, 300, 301, 306, 309, 310, 311, 313, 323). Der Gesetzgeber, der in den ohnehin die Grenzen der sachlichen Zuständigkeit des HGB. einhaltenden Tatbestand noch das Moment der Kaufmannseigenschaft aufnimmt, zeigt dadurch, daß er diesem Momente eine sachliche Bedeutung für die angeordnete Rechtsfolge beilegt. Der Gesetzgeber zeigt aber auch, daß er das bereits im Tatbestande enthaltene Moment der Handelsgeschäftseigenschaft als erheblich betrachtet. Denn die angeführten Vorschriften setzen ja voraus, daß der Kaufmann *im Betriebe seines Handelsgewerbes handelt*[2] und eine solche Handlung bildet regelmäßig — sofern nicht die sich aus Art. 273 III und Art. 275 ergebenden Ausnahmen Platz greifen — ein Handelsgeschäft. Vorschriften, deren Tatbestand sowohl das Element der Handelsgeschäftseigenschaft als das der Kaufmannseigenschaft enthält, gestatten daher keine analoge Anwendung auf Nichtkaufleute und noch ewniger auf Tatbestände, denen beide genannten Elemente fehlen. Die Rechtsähnlichkeit dieser Tatbestände ist eben schon vom Standpunkte des Gesetzgebers aus zu verneinen. Es ist hiebei ganz gleichgültig, ob das Tatbestandelement der Handelsgeschäftseigenschaft ausdrücklich genannt ist, wie z. B. in den Art. 289, 292 II, 309, 310, 311, 313 oder ob sich schon aus der Stellung der Vorschrift im System des Gesetzes ergibt, daß sie sich bloß auf Handelsgeschäfte bezieht (s. Art. 297, 300, 301, 306, 323).

Das Element der Handelsgeschäftseigenschaft ist auch in dem Tatbestande des Art. 291 enthalten, der des Falles gedenkt, daß „ein Kaufmann mit einem anderen Kaufmann in laufender Rechnung (Kontokorrent) steht" und der dem Teil, dem nach Rechnungsabschluß ein Überschuß gebührt, einen Anspruch auf Zinsen von dem Betrage des Überschusses gibt „wenngleich darunter Zinsen begriffen sind".[3] Denn obwohl das Gesetz bloß von „laufender *Rechnung*" spricht, meint es eine *dauernde Geschäftsverbindung*, über die eine laufende Rechnung

---

[2] Siehe Hahn: Vorbem. II zu Art. 278ff. § 8.

[3] Nur diese Rechtsfolge ist in Art. 291 angeordnet (s. mein Lehrbuch des HR. S. 164). Auch nach Absicht der Verfasser des HGB. sollte durch die Vorschrift des Art. 291 bloß eine Ausnahme vom Verbote des Anatozismus geschaffen werden (vgl. Mot. zum PrEntw. S. 112 und zum Württembergschen Entw. S. 287). Handelsbrauch, ausdrückliche oder stillschweigende Vereinbarung können natürlich an den in Art. 291 vorgesehenen (s. die folgende Note) oder an einen mit ihm gewöhnlich verbundenen Tatbestand noch andere Rechtsfolgen knüpfen. Diese Rechtsfolgen (Beseitigung der Anrechnungsregeln des § 1416 ABGB., Unzulässigkeit einer abgesonderten Geltendmachung der in dem Kontokorrent einbezogenen Forderungen usw.) kommen hier, wo nur die Frage nach der analogen Anwendung der *gesetzlichen* Regel des Art. 291 untersucht werden soll, nicht in Betracht.

geführt wird,[4] und zwar eine Geschäftsverbindung, die Handelsgeschäfte zum Gegenstande hat. Das ergibt sich daraus, daß Art. 291 dem zweiten Abschnitt „Allgemeine Bestimmungen über Handelsgeschäfte" des ersten Titels des vierten Buches eingereiht erscheint. Eine dauernde Geschäftsverbindung, die Handelsgeschäfte zum Gegenstande hat, ist allerdings nur möglich, wenn wenigstens einem Teilnehmer Kaufmannseigenschaft zukommt, setzt aber nicht Kaufmannseigenschaft beider Beteiligter voraus. Art. 291 macht jedoch die angeordnete Rechtsfolge von dieser nicht schon im Tatbestandselemente der laufenden Rechnung enthaltenen Voraussetzung abhängig, obwohl die Aufstellung des Erfordernisses der Kaufmannseigenschaft *beider* Teile bei der Gesetzesberatung auf starken Widerspruch gestoßen ist.[5] Aber gerade daraus zeigt sich deutlich, daß der Gesetzgeber überhaupt dem Momente der Kaufmannseigenschaft und damit auch dem Umstande, daß die Geschäftsverbindung Handelsgeschäfte zum Gegenstande hat, eine Bedeutung für die angeordnete Rechtsfolge beilegt. Die Ausnahme,[6] die Art. 291 von dem gemeinrechtlichen Verbote des Anatozismus[7] aber auch von der Regel des österreichischen Rechts schafft, daß Zinseszinsen nur von eingeklagten Zinsen oder auf Grund besonderer Vereinbarung gefordert werden können (§ 3 des Ges. vom 14. Juni 1868, R. 62), kann daher nicht im Wege der Analogie auf Kontokorrentverhältnisse zwischen Kaufleuten und Nichtkaufleuten und noch weniger auf Kontokorrentverhältnisse zwischen Nichtkaufleuten, also auf eine laufende Rechnung ausgedehnt werden, die überhaupt keine Handelsgeschäfte zum Gegenstande hat. Das rechtspolitische Motiv, das der Vorschrift des Art. 291 zugrunde liegt, würde vielleicht für die Zulässigkeit einer solchen Analogie sprechen. Die Vorschrift entspringt ja der Erwägung, daß eine Beschränkung der Saldozinsen auf Zinsen von dem Betrage, der nicht selbst Zinsen enthält, „mit der Natur des kaufmännischen Rechnungswesens unvereinbar sei",[8] zu einer „großen Belästigung" des kaufmännischen Rechnungswesens

[4] S. mein Lehrbuch des HR. S. 163. — Die verbreitete Ansicht, daß Art. 291 außer der Tatsache der laufenden Rechnung, genauer: außer einer über eine dauernde Geschäftsverbindung geführten laufenden Rechnung, noch einen besonderen „Kontokorrentvertrag" voraussetzt, findet im Wortlaute der genannten Vorschrift (s. dagegen die entsprechende Bestimmung des § 355 DHGB.) gar keine Stütze.

[5] Prot. 1317, 4560.

[6] Die Ausnahme ist keineswegs eine selbstverständliche Folge der „Natur der sogenannten Kontokorrentzinsen" (anders GREBER: Das Kontokorrentverhältnis, S. 69, 105).

[7] Die Meinung (HAHN, § 1 zu Art. 291), daß das Verbot des Anatozismus den in Art. 291 vorgesehenen Fall überhaupt nicht trifft, ist unbegründet (s. GREBER a. a. O. S. 105; vgl. auch EHRENZWEIG, § 300 II.

[8] Mot. zum PrEntw. S. 112.

führen würde.[9] Da läßt sich doch die Frage aufwerfen, ob diese Erwägung nicht bei jeder dauerenden Geschäftsverbindung zutrifft, über die eine die übliche Form des Kontokorrents aufweisende laufende Rechnung geführt wird. Die erwähnte Analogie ist jedoch, wie immer man diese Frage beantwortet, deshalb unzulässig, weil die Rechtsähnlichkeit der Tatbestände aus den angeführten Gründen jedenfalls vom Standpunkt des Gesetzgebers aus verneint werden muß. — Art. 291 gestatett keine analoge Anwendung auf Kontokorrentverhältnisse, die nicht zwischen zwei Kaufleuten bestehen, zwingt aber nicht zu dem Umkehrschlusse, daß die dort ausgesprochene Regel für ein Kontokorrentverhältnis zwischen einem Kaufmann und einem Nichtkaufmann nicht gilt.[10] Einen solchen negativen Rechtssatz wollten die Verfasser des HGB. nicht aussprechen,[11] natürlich auch nicht den negativen Rechtssatz, daß die Regel des Art. 291 nicht gilt, wenn keiner der Kontokorrentteilnehmer ein Kaufmann ist; dieser Tatbestand liegt ja außerhalb des Geltungsgebietes des HGB.,[12] also auch des Aussagegebietes des Art. 291. Daher kann sich in dem Falle, daß nur *ein* Kontokorrentteilnehmer Kaufmann ist, der im Art. 291 gewährte Zinseszinsenanspruch auch aus einem Handelsbrauche[13] ergeben.[14] Auch wird sich in diesem Falle und ebenso im Falle eines Kontokorrentverhältnisses zwischen Nichtkaufleuten der erwähnte Anspruch auf Zinseszinsen unter Umständen auf eine stillschweigende Vereinbarung gründen lassen.[15]

Kein neues Element wird durch das Wort „Kaufmann“ in Art. 290 dem übrigen Tatbestande dieses Artikels hinzugefügt. Art. 290 bezieht sich ja nur auf Handlungen, die im Betriebe eines Handelsgewerbes vorgenommen werden. Im Betriebe eines Handelsgewerbes kann aber überhaupt nur ein Kaufmann handeln. Der Gesetzgeber hat also dadurch, daß er in Art. 290 tautologisch von einem Kaufmann spricht, der die dort erwähnten Handlungen im Betriebe seines Handelsgewerbes setzt, nicht gezeigt, daß er dem Umstande, daß das Gewerbe ein Handelsgewerbe darstellt, eine Erheblichkeit für die angeordnete Rechtsfolge beilegt. Damit ist aber der Frage nicht vorgegriffen (s. unten S. 95) ob nicht aus einem anderen Grunde in Bezug auf die in Art. 290 angeordnete Rechtsfolge die Rechtsähnlichkeit eines Handelsgewerbes und eines diese Eigenschaft nicht aufweisenden Gewerbes verneint werden muß.

---

[9] Mot. zum Württembergschen Entw. S. 287.

[10] Hahn, § 2 zu Art. 291; Greber a. a. O. S. 69.

[11] S. Prot. 1318.

[12] S. oben S. 17.

[13] Ein solcher wäre unbeachtlich (s. Art. 1), wenn Art. 291 den im Texte erwähnten — durch einen Umkehrschluß aufzudeckenden — negativen Rechtssatz enthielte (vgl. oben S. 20 N. 24).

[14] Siehe ROHG. 11, 143.

[15] Vgl. ROHG. 16, S. 30.

Zweiter Abschnitt.

Die übrigen Vorschriften des Handelsgesetzbuches.

§ 9.

Vorbemerkung.

Die Zahl der Bestimmungen des HGB., deren *Tatbestand* bereits erkennen läßt, daß der Gesetzgeber dem Momente der Kaufmanns- oder Handelsgeschäftseigenschaft eine Erheblichkeit für die angeordnete Rechtsfolge beilegt, die also schon aus diesem Grunde eine analoge Anwendung außerhalb des Geltungsgebietes des HGB. nicht zulassen, ist eine verhältnismäßig geringe. Innerhalb der übrigen — an Zahl weit überwiegenden — Vorschriften des HGB. müssen bei der Untersuchung der Frage nach der Zulässigkeit einer analogen Anwendung auf Nichtkaufleute und Nichthandelsgeschäfte zwei Gruppen unterschieden werden:

1. Manche Teile des HGB. zeigen die Absicht der Gesetzesverfasser, den behandelten Gegenstand vollständig zu regeln, oder doch wenigstens die Absicht, die diesen Gegenstand betreffenden Regeln zu einem geschlossenen System zu gestalten. Eine solche Absicht verfolgt der dritte und vierte Abschnitt des ersten Titels des vierten Buches („Abschließung der Handelsgeschäfte", „Erfüllung der Handelsgeschäfte"), der dritte, vierte und fünfte Titel des vierten Buches („Von dem Kommissionsgeschäfte", „Von dem Speditionsgeschäfte", „Von dem Frachtgeschäfte"), das zweite Buch („Von den Handelsgesellschaften") und endlich der erste Titel des dritten Buches („Von der stillen Gesellschaft").

2. Andere Teile des HGB. dagegen lassen deutlich erkennen, daß weder eine vollständige noch eine geschlossene Regelung des behandelten Gegenstandes beabsichtigt ist, daß sich die Regelung vielmehr von vornherein auf einzelne herausgegriffene Tatbestände und Fragen beschränkt. Eine solche bruchstückartige Regelung haben unter anderen, die Prokura- und Handelungsvollmacht durch die Art. 41 bis 55 (und den aufgehobenen[1] Art. 56), das Verhältnis der Handlungsgehilfen durch die (aufgehobenen)[2] Art. 57 bis 65, die Gelegenheitsgesellschaft durch die Art. 265 bis 270 und der Handelskauf[3] durch die Art. 337 bis 359 erfahren. Der bloß fragmentarische Charakter der Vorschriften „Vom Kauf" wird auch in den Motiven zum PrEntw.[4] sowie bei der Gesetzesberatung[5] nachdrücklich betont. Der nämliche Charakter eignet auch den den zweiten Abschnitt des ersten Titels des vierten Buches bildenden „Allgemeinen Bestimmungen

---

[1] Art. I Abs. 3 des HandlGG. vom 16. Jän. 1910.
[2] Art. I Abs. 2 des HandlGG.
[3] STAUB[5], § 1 zu Art. 337.
[4] S. 133; s. unten S. 100.
[5] Prot. 615.

über Handelsgeschäfte". Diese allgemeinen Bestimmungen (die Artikel 278 bis 316) enthalten kein geschlossenes System von Rechtsregeln. Das HGB. bringt vielmehr in dem genannten Abschnitte einen „titulus de diversis regulis iuris",[6] eine Reihe einzelner miteinander in gar keinem systematischen Zusammenhang stehender Regeln, die den verschiedensten Gebieten des Obligationenrechts, zum Teil auch dem Sachenrechte angehören.

Erstes Kapitel.

§ 10.

Teile des HGB. mit erschöpfender und systematisch geschlossener Regelung des behandelten Gegenstandes.

Die Aufnahme einer Vorschrift, die das HGB. in einem dieser Teile (s. oben § 9) gibt, findet schon darin ihre hinreichende Erklärung, daß sich die Vorschrift auf einen Gegenstand bezieht, den das HGB. an dieser Stelle regelt, daß sie daher geeignet erscheint, zu der angestrebten Vollständigkeit und systematischen Geschlossenheit der Regelung beizutragen.[1] Die Aufnahme solcher Vorschriften in das HGB. kann daher im Gegensatze zur Aufnahme von Vorschriften über einen Gegenstand, den das HGB. nur fragmentarisch regelt, niemals zu dem Schlusse berechtigen, daß bereits der Gesetzgeber die Rechtsähnlichkeit eines außerhalb des Geltungsgebietes des HGB. liegenden Tatbestandes, d. i. eines Tatbestandes verneint, dem das Element der Kaufmanns- oder Handelsgeschäftseigenschaft fehlt. Ergibt sich eine solche Auffassung des Gesetzgebers nicht schon aus dem Inhalte des Tatbestandes (s. oben § 8), so ist die Rechtsähnlichkeit zu bejahen, wenn dem Tatbestandselemente der Kaufmanns- oder Handelsgeschäftseigenschaft jede sachliche Bedeutung für die angeordnete Rechtsfolge abgesprochen werden muß, wenn sich also eine verschiedene rechtliche Behandlung eines dieses Elements entbehrenden Tatbestandes und des geregelten Tatbestandes vom Standpunkte eines konsequenten Gesetzgebers aus nicht rechtfertigen ließe.

§ 11.

I. Abschließung und Erfüllung der Handelsgeschäfte.

Die Vorschriften über „Abschließung" und „Erfüllung der Handelsgeschäfte" (Art. 317 bis 336) bieten freilich wenig Gelegenheit zu einer analogen Anwendung auf andere Geschäfte. Diese Vorschriften enthalten ja zum großen Teile Rechtssätze, die ohnehin im bürgerlichen

[6] Siehe REGELSBERGER in Endemanns Handb. des HR., II S. 384.

[1] Auch in andere Sondergesetze sind manche Vorschriften nur deshalb aufgenommen worden, weil der Gesetzgeber einen bestimmten Gegenstand in *einem* Gesetze vollständig und in systematisch geschlossener Form regeln

Rechte ausgesprochen sind, zum Teile auch Rechtssätze, die selbstverständlich sind und überhaupt keines besonderen gesetzlichen Ausspruches bedürfen. Die Art. 321, 324 II, Satz 2 und 335 enthalten allerdings Rechtssätze, die vom bürgerlichen Rechte abweichen; aber eine analoge Anwendung dieser Artikel auf Nichthandelsgeschäfte ist aus dem bereits an anderer Stelle (s. oben S. 41) ausgeführten Gründen unzulässig.

Eine analoge Anwendung auf Nichthandelsgeschäfte findet jedoch einmal die nicht schlechthin selbstverständliche[1] — im ABGB. zwar nicht ausgesprochene aber auch nicht abgelehnte[2] — Regel des Art. 322, daß eine bedingte oder eingeschränkte Annahmeerklärung nicht bloß als Ablehnung des Antrages des Antragstellers gilt, sondern als ein neuer Antrag des Antragsempfängers. Für diesen Rechtssatz ist der Umstand, daß es sich um einen Antrag zu einem Handelsgeschäfte handelt, ganz offensichtlich ohne Bedeutung.

Analog anwendbar ist die Vorschrift des Art. 334 II, daß der Schuldner wenn er auch befugt ist, vor dem Verfallstag zu zahlen, doch nicht befugt ist (bei einer unverzinslichen Schuld), die Zwischenzinsen abzuziehen. Es besteht selbstverständlich nicht der geringste Grund dieses — im ABGB. überhaupt nicht erwähnte — Abzugsrecht nur bei vorzeitiger Bezahlung von Schulden aus *Handels*geschäften zu versagen.[3]

Eine beschränkte analoge Anwendung gestattet die Bestimmung des Art. 332, daß die Erfüllung „am Erfüllungstage während der gewöhnlichen Geschäftsstunden geleistet und angenommen werden muß". Damit ist einmal ausgesprochen, daß der Tatbestand des Leistungsverzuges nicht dadurch ausgeschlossen wird, daß der Gläubiger eine Leistung zurückgewiesen hat, die der Schuldner zwar am Erfüllungstage, aber außerhalb der gewöhnlichen Geschäftsstunden angeboten hat. Einer analogen Anwendung dieses Rechtssatzes auf andere Schulden als solche aus Handelsgeschäften steht die Bestimmung des novellierten § 903 (Satz 2) entgegen, daß „die Rechtsfolgen der Nichterfüllung einer Verbindlichkeit erst mit dem Ablauf des letzten Tages" eintreten.[4] Offen-

wollte. Nur auf diese Absicht sind die zahlreichen Bestimmungen der dienstrechtlichen Sondergesetze zurückzuführen, die für die ihnen unterliegenden Dienstverhältnisse Rechtssätze ausdrücklich aussprechen, die bereits auf Grund des — subsidiär anwendbaren — ABGB. für alle Dienstverhältnisse gelten.

[1] S. oben S. 31.

[2] S. oben S. 31.

[3] Es wird auch im § 272 DBGB. und Art. 181 SchwOR. ganz allgemein verneint. S. hierzu Mot. zum DBGB., II 40.

[4] Durch diese Bestimmung sollte die Vorschrift des alten § 903 verallgemeinert werden (HHB. 150), daß „zur Erfüllung einer Verbindlichkeit dem Verpflichteten der ganze Tag zustatten kommt". Das ALR. hatte dieselbe Regel ausgesprochen und gerade gegen sie war die Vorschrift des Art. 332 gerichtet (Mot. zum PrEntw. S. 127).

gelassen bleibt allerdings die Frage, ob nicht die Verkehrsübung unter Umständen zu demselben Ergebnis führen kann wie die Anwendung des Art. 332.[5] — In Art. 332 ist aber auch der Rechtssatz enthalten, daß der Gläubiger einer Holschuld schon dann in Annahmeverzug gerät, wenn er die Leistung am Erfüllungstage zu der (für den Schuldner) gewöhnlichen Geschäftszeit nicht abholt. Dieser Rechtssatz ist angesichts der vollständigen Gleichheit des Rechtsgrundes auch einer analogen Anwendung auf Nichtshandelsgeschäfte fähig. Der Analogie steht § 903 nicht entgegen. Dort wird ja nur bestimmt, wie lange der Schuldner am Erfüllungstage *leisten kann*, die Frage aber ganz offen gelassen, zu welcher Tageszeit des Erfüllungstages der Gläubiger die Leistung *abholen muß*.

Art. 336 II bestimmt in Anlehnung an den — dem Art. 41 des Wechsel gesetzes vom 18. Aug. 1932, B. 290 entsprechenden — Art. 37 der früheren WO., daß Verbindlichkeiten (aus Handelsgeschäften), die auf eine andere Währung als die des Erfüllungsortes lauten — mangels einer entgegenstehenden Vereinbarung — in der Währung des Erfüllungsortes (nach dem Kurse des Erfüllungsortes) abgestattet werden können. Das bürgerliche Recht enthält keine derartige Vorschrift. Es besteht aber kein Grund für den Gesetzgeber, die erwähnte Befugnis, wenn er sie dem Schuldner aus einem Wechsel und aus einem Handelsgeschäfte gewährt, anderen Schuldnern zu versagen.[6] Die Regel des Art. 336, II wird in den Motiven zum PrEntw.[7] damit begründet, „daß die Bezeichnung der Münzsorte im Vertrage nicht die Zahlungsleistung gerade in der bestimmten Spezies bezweckt, sondern nur zur Bemessung des Umfanges der Leistung dient"; weiters wird auf die „übermäßige Härte" gewiesen, zu der eine Verpflichtung, „die vertragsmäßige Münzsorte wirklich anzuschaffen, gegen den Zahlungspflichtigen führen" würde. Selbstverständlich treffen diese Erwägungen nicht bloß für Schulden zu, die aus Handelsgeschäften entspringen. Tatsächlich wird denn auch in der österreichischen Lehre und Rechtssprechung ein Rechtssatz, wie in Art. 336 II HGB. und Art. 41 WG. (Art. 37 WO.) ausspricht, einmütig für das ganze Gebiet des bürgerlichen Rechts anerkannt.[8] Für diesen Rechtssatz läßt sich aber außerhalb des Geltungsgebietes des Art. 336 II HGB. und des Art. 41 WG. eine sichere Grundlage nur im Wege einer analogen Erweite-

---

[5] S. hierüber Gschnitzer bei Klang, II S. 2.

[6] Das DBGB (§ 244) und das SchwOR. (Art. 54) haben auch eine dem Art. 336 II HGB. und Art. 41 WG. (Art. 37 WO.) entsprechende Regel — allerdings in etwas veränderter Form — in das allgemeine bürgerliche Recht aufgenommen.

[7] S. 129.

[8] Siehe Ehrenzweig, § 298 N. 38; Swoboda bei Klang, II 2 S. 735, dessen Mitteilungen über Schrifttum und Rechtssprechung und dazu E. 11. IV. 1934, Rspr. 1934 N. 357.

rung der genannten Vorschriften gewinnen.[9] Einer solchen Analogie steht § 1413 ABGB. nicht entgegen: Die Frage mit welchen Geldsorten der Schuldner zu zahlen hat, bildet nach der Auffassung des ABGB. eine Frage nach der „*Art* die Verbindlichkeit zu erfüllen".[10] Das geht aus § 1420 hervor, wo auch bezüglich der „Art", in der Nichtvertragsschulden zu erfüllen sind, auf § 905 verwiesen wird. Mit der Vorschrift des § 1413, daß der Gläubiger eine auf eine andere als die geschuldete Art bewirkte Erfüllung nicht anzunehmen braucht, will also der Gesetzgeber allerdings auch die Regel aufstellen, daß der Gläubiger sich die Erfüllung in anderen als den geschuldeten Geldsorten nicht gefallen lassen muß. Das ABGB. läßt aber — auch im § 1413 — die Frage offen, ob der Schuldner gerade die Geldsorten der in der Schuld ausgedrückten Währung und nur diese Geldsorten schuldet, ob also schon die Bezeichnung der Währung eine Bestimmung über die Art, und zwar über die einzige Art der Erfüllung enthält. Diese Frage wird nun in Art. 336 II HGB. für den Fall entschieden, daß die Schuld auf eine nicht am Erfüllungsorte geltende Währung lautet. Art. 336 will — wie aus den oben wiedergegebenen Motiven hervorgeht — nicht sagen, daß in dem dort vorgesehenen Fall der Verpflichtete Geldsorten der ausgedrückten Währung *schuldet*, jedoch auch mit anderen Geldsorten *erfüllen* kann, sondern will sagen, daß der Verpflichtete Geldsorten der ausgedrückten Währung oder solche der Währung des Erfüllungsortes *schuldet*.[11] Der Schuldner, der Geldsorten der Währung des Erfüllungsortes leistet, bewirkt also die Erfüllung gar nicht auf eine andere als die geschuldete Art. Die in Art. 336 II vorgesehene Vereinbarung effektiver Zahlung in der angegebenen Währung ist natürlich auch auf dem Gebiete des bürgerlichen Rechts wirksam. Ebenso kann der auf effektive Zahlung gerichtete Parteiwille sowohl innerhalb als auch außerhalb des Geltungsgebietes des Art. 336 auch konkludent erklärt werden.[12]

---

[9] So auch Ehrenzweig und Swoboda a. a. O.; s. dagegen Goldschmidt (I 2 S. 150) der in der Vorschrift des Art. 336 II eine bloß für Handelsgeschäfte bestehende Ausnahme erblickt.

[10] Siehe Lenhoff: Privatrechtliche Probleme des Devisenrechtes, S. 5, 6.

[11] Vgl. M. Wolff in Ehrenbergs Handb., IV 1 S. 640, der mit Recht eine Wahlschuld mit Wahlrecht des Schuldners annimmt, während nach der herrschenden Meinung Art. 336 II bloß eine Ersetzungsbefugnis, eine facultas alternativa, gewährt. Der Schuldner kann allerdings nicht — wie man nach Inhalt der oben wiedergegebenen Motive zum PrEntw. erwarten könnte — in jeder ihm beliebigen Währung erfüllen. Er hat nur die Wahl zwischen dem Gelde der ausgedrückten und der am Erfüllungsorte geltenden Währung.

[12] So auch E. 11. IV. 1934, Rspr. 1934 N. 357. Ganz unbegründet ist aber die Meinung des OGH., daß bei Nichthandelsgeschäften an die im Texte erwähnte Konkludenz geringere Anforderungen zu stellen sind, als bei Handelsgeschäften.

§ 12.

II. Kommissionsgeschäft, Speditionsgeschäft, Frachtgeschäft.

Reichliche Gelegenheit zu einer analogen Anwendung auf Nichtkaufleute und Nichthandelsgeschäfte bieten die Bestimmungen des dritten Titels („Von dem Kommissionsgeschäfte"), des vierten Titels („Von dem Speditionsgeschäfte") und des fünften Titels („Von dem Frachtgeschäfte") des vierten Buches des HGB. Viele dieser Bestimmungen sprechen allerdings nur Rechtssätze aus, die bereits im ABG. ausgesprochen sind oder sich als Folgesätze einer Regel des bürgerlichen Rechts darstellen. Solche Rechtssätze enthalten: Art. 361, 367, 380, soweit dort nicht der Kommissionär, bzw. Spediteur zur Anwendung der Sorgfalt eines ordentlichen *Kaufmanns* verpflichtet wird (s. §§ 1009, 1012, 1298 ABGB); Art. 362 (s. §§ 1009[1] 1016 ABGB); Art. 368 I; Art. 371 I, 381 I (s. § 1014 ABGB.) mit Ausnahme der Bestimmung, daß der Kommissionär auch Vergütung für die Benützung der Lagerräume und der Transportmittel sowie für die Arbeit seiner Leute verlangen kann;[2] Art. 369 I, II (Unbefugte Vorschuß- und Kreditgewährung);[3] Art. 372, 381 II (s. § 1009 ABGB); Art. 393, soweit dort nicht dem Absender eine von einem subjektiven Verschulden unabhängige Haftung auferlegt wird; Art. 370 I und II (keine gesetzliche Haftung des Kommissionärs für Erfüllung seitens des Drittkontrahenten, Inhalt einer solchen vom Kommissionär übernommenen Haftung); Art. 373 (Art der Indossierung eines angekauften Wechsels),[4] Art. 399,[5] Art. 400, soweit er dem Frachtführer eine Haftung für seine Erfüllungsgehilfen auferlegt (§ 1313a ABGB); Art. 401 1, der ja bloß einen Folgesatz der allgemeinen Regel des § 1313a ausspricht; endlich Art. 365 (mit Ausnahme des dort gewährten Rechts auf die gerichtliche Feststellung des Zustandes des Gutes im Wege des in Art. XLIV EG. zur ZPO. geregelten Verfahrens) und Art. 366 I (Art. 387). Die Pflicht, für den Beweis des Zustandes des beschädigten oder geminderten Kommissionsgutes (Speditionsgutes) zu sorgen folgt ja, sofern diese Feststellung zur Wahrung der Rechte des Auftraggebers notwendig ist, bereits aus § 1009 ABGB. Aus dieser Vorschrift ergibt sich bei Vor-

---

[1] Siehe SCHEY: Obligationsverhältnisse, I S. 554.

[2] S. unten S. 57, 65.

[3] Die dort enthaltene Regel wurde auch in den Mot. zum PrEntw. (S. 154) auf allgemeine Mandatsgrundsätze zurückgeführt; vgl. auch mein Lehrbuch des HR. S. 220. Über Art. 369 III s. unten S. 66.

[4] Vgl. HAHN, § 5 zu Art. 373.

[5] Die Bestimmung des Art. 398 enthält, da sie ja das Vorhandensein eines Handelsgeschäftes voraussetzt, nur einen selbstverständlichen Folgesatz der Regel des Art. 284 III. Diese Regel gestattet aber, da sie der des § 1336 ABGB. widerspricht, keine analoge Anwendung auf Konventionalstrafen, die zur Sicherung der Erfüllung eines Nichthandelsgeschäftes vereinbart werden.

liegen der Voraussetzungen des Art. 365 III und Art. 366 auch das Recht und damit die Pflicht des Mandatars zu dem in den bezogenen Bestimmungen vorgesehenen Notverkauf des Gutes. — Bei allen den genannten Bestimmungen fehlt also die tatsächliche Möglichkeit einer analogen Ausdehnung über die Grenzen des Gebietes ihrer direkten Anwendung.

Das Gebiet der direkten Anwendung der Vorschriften des dritten bis fünften Titels des vierten Buches des HGB. wird einmal durch den Begriff des Kommissions-, Speditions- und Frachtgeschäftes begrenzt. Diese Begriffe sind den Art. 360, 379, 390 zu entnehmen, die den Begriff des Kommissionärs, des Spediteur und des Frachtführers bestimmen: Ein Kommissionsgeschäft liegt in der Übernahme des Auftrages, ein Handelsgeschäft in eigenem Namen auf Rechnung des Auftraggebers abzuschließen (Art. 360), ein Speditionsgeschäft in der Übernahme des Auftrages, eine Güterbeförderung durch Frachtführer oder Schiffer zu besorgen (Art. 379), ein Frachtgeschäft in der Übernahme der Beförderung von Gütern zu Lande oder auf Binnengewässern (Art. 390) oder (s. den neugefaßten Art. 421) durch die Luft. Die genannten Geschäfte sind jedoch nur dann Handelsgeschäfte, wenn sie gewerbsmäßig, also von einem Kommissionär, Spediteur, Frachtführer betrieben werden (Art. 272 I Z. 3) oder von einem anderen Kaufmann — als Beauftragten bzw. Transportunternehmer — im Betriebe seines Handelsgewerbes geschlossen werden (Art. 272 II, 273). Dagegen ist ein vereinzelt von einem Nichtkaufmann übernommener Kommissions- oder Speditionsauftrag oder Gütertransport — wenn nicht zufällig der Auftraggeber bzw. der Absender ein Kaufmann ist und das Geschäft im Betriebe seines Handelsgewerbes abgeschlossen hat — kein Handelsgeschäft. Das HGB. wollte offenbar solche Kommissions-, Speditions- und Frachtgeschäfte nicht den *allgemeinen* Regeln des ersten Titels des vierten Buches über *Handelsgeschäfte* unterwerfen. Aus der — wirklich oder vermeintlichen — Unangemessenheit dieser Regeln folgt natürlich noch nicht die Unangemessenheit der im vierten bis fünften Titel des vierten Buches für *Kommissions-*, *Speditions-* und *Frachtgeschäfte* gegebenen *Sonder*regeln. Da aber vereinzelt von einem Nichtkaufmann übernommene Kommissions- und Speditionsaufträge sowie Güterbeförderungen keine Handelsgeschäfte sind, liegen sie außerhalb der — eben durch den gesetzlichen Begriff des Handelsgeschäftes und des Kaufmanns bestimmten — Grenzen des sachlichen Geltungsgebietes des HGB. Wollte der Gesetzgeber diese Grenzen auch in den Vorschriften über das Kommissions-, Speditions- und Frachtgeschäft einhalten, auch mit diesen Vorschriften nicht „über das Gebiet des Handels hinausgehen",[6] so konnte er die genannten Vorschriften

[6] Siehe Mot. zum PrEntw. S. 163.

nicht auf Kommissions-, Speditionsaufträge und Güterbeförderungen erstrecken, die bloß vereinzelt von einem Nichtkaufmann übernommen werden.[7] Das HGB. unterwirft denn auch Kommissions-, Speditions- und Frachtgeschäfte den Vorschriften des dritten bis fünften Titels des vierten Buches nur für den Fall, daß diese Geschäfte entweder gewerbsmäßig, d. h. von einem Kommissionär, Spediteur bzw. Frachtführer betrieben werden (Art. 360, 379, 390) oder doch von einem Kaufmann im Betriebe seines gewöhnlich auf andere Geschäfte gerichteten Handelsgewerbes[8] abgeschlossen werden (Art. 378, 388, 420). Nur in diesen Fällen ist eben das Kommissions-, Speditions- und Frachtgeschäft — auf Seite des Beauftragten bzw. Transportunternehmers — ein Handelsgeschäft. Das genügt zur Erklärung der aufgezeigten Beschränkung.[9] Sie läßt nicht den Schluß zu, daß der Gesetzgeber dem Momente, das neben einem bestimmten Inhalte des Geschäftes die direkte Anwendung der Vorschriften über das Kommissions-, Speditions- und Frachtgeschäft bedingt: nämlich der nach Art. 272 Z. 3 oder anderweitig begründeten Kaufmannseigenschaft des Beauftragten bw. Transportunternehmers, eine sachliche Bedeutung für die in diesen Vorschriften angeordneten Rechtsfolgen beilegt, also die Rechtsähnlichkeit eines Tatbestandes verneint, dem dieses Moment fehlt. Einzelne, aber eben nur einzelne der Vorschriften des dritten bis fünften Titels des vierten Buches ordnen allerdings Rechtsfolgen an, die tatsächlich in einem inneren Zusammenhange mit dem erwähnten Momente stehen. Das gilt einmal von den Bestimmungen, die dem Frachtführer eine besondere nach den allgemeinen Regeln des Schuldrechts nicht begründete Haftung auferlegen, also: von der Vorschrift des Art. 395, nach der den Frachtführer eine über die Verschuldenshaftung weit hinausgehende Haftung für Verlust und Beschädigung des Gutes trifft, von der Bestimmung des Art. 400, nach der der Frachtführer (nach herrschender Ansicht) nicht bloß für seine Er-

---

[7] Der Entwurf erster Lesung hat zwar nur dem Frachtgeschäfte (Art. 243 Z. 4) und nicht auch dem Speditions- und Kommissionsgeschäfte die Eigenschaft eines absoluten Handelsgeschäftes zuerkannt, hat aber gleichwohl — im Gegensatze zum Pr. Entw. — nicht nur die Vorschriften über das Frachtgeschäft, sondern auch die über das Speditions- und Kommissionsgeschäft auf alle Geschäfte dieses Inhaltes, also auch Nichthandelsgeschäfte erstreckt. Das läßt sich gewiß rechtfertigen (s. oben im Texte), bedeutete aber eine Sprengung des Systems des Gesetzbuches.

[8] Die Art. 378, 388, 420 sprechen zwar nicht ausdrücklich aus, setzen aber als selbstverständlich voraus, daß die dort bezeichneten Geschäfte von einem Kaufmanne *im Betriebe seines Handelsgewerbes* geschlossen werden (Hahn, § 1 zu Art. 378 u. a. m., dagegen Staub[5], § 4 zu Art. 378).

[9] Auch bei der Gesetzesberatung wurde auf den Zusammenhang dieser Beschränkung mit dem Rechssatze gewiesen, daß Kommissions-, Speditions- und Frachtgeschäfte nicht zu den absoluten, sondern zu den bloß relativen Handelsgeschäften gehören (Prot. 1462, 1463).

füllungsgehilfen,[10] sondern schlechthin für seine Leute haftet, und von der Bestimmung des Art. 401 II über die selbständige Verpflichtung des Unterfrachtführers.[11] Es mag dahingestellt bleiben, ob der Inhalt des Frachtgeschäftes überhaupt eine Verschärfung der Haftung gegenüber den allgemeinen Grundsätzen des Obligationenrechts rechtfertigen kann.[12] Der Gesetzgeber begeht jedenfalls keine Inkonsequenz, wenn er die verschärfte Haftung auf Grund des Güterbeförderungsvertrages dem Transportunternehmer dann auferlegt, wenn dieser *Kaufmann* ist, es aber in dem Falle eines gelegentlich von einem Nichtkaufmann geschlossenen Güterbeförderungsvertrages bei der allgemeinen Verschuldenshaftung bewenden läßt. Im ersten Falle läßt sich die verschärfte Haftung allenfalls durch die Möglichkeit rechtfertigen, gewissen Betriebsgefahren mit Hilfe der Mittel des kaufmännischen Unternehmens vorzubeugen, das erhöhte Risiko durch Versicherungen abzuwälzen oder bei der Berechnung des Beförderungspreises zu berücksichtigen. Beim Nichtkaufmann treffen diese Gründe nicht zu oder doch nur in geringerem Maße zu. Nicht jeder sachlichen Bedeutung entbehrt das Tatbestandselement der Kaufmannseigenschaft des Beauftragten, bzw. Transportunternehmers in denjenigen Vorschriften, die dem Kommissionär, Spediteur und Frachtführer besondere Rechte zur Sicherung und Durchsetzung ihrer Ansprüche gewähren (Art. 374, 375, 382, 409 bis 412). Für den Kaufmann besteht eben ein erhöhtes Bedürfnis nach Sicherung seiner Forderungen und nach schleuniger Einbringung dieser. Es ist daher kein Gebot gesetzgeberischer Konsequenz, Rechte des erwähnten Inhalts, die einem Kaufmann zugunsten bestimmter Forderungen zustehen, zur Sicherung und bei der Durchsetzung gleichartiger Forderungen auch einem Nichtkaufmann zu gewähren. Dasselbe gilt von den Vorschriften, die dem Kommissionär, Spediteur und Frachtführer das Recht geben, bei Verzug mit der Abnahme des Gutes, sich dieses durch Verkauf zu entledigen (Art. 366 II; 387, 407 II).[13] — Der Frachtführer, der einen Ladeschein ausstellt, kann dem Empfänger des Scheines und wenn dieser ouf Order lautet, auch dem Indossatar des Scheines keine Einwendungen aus seinen Beziehungen

[10] S. oben S. 53.

[11] Diese Verpflichtung obliegt dem Unterfrachtführer (Art. 401 II), wenn er Frachtführer im Sinne des Art. 390 ist, oder (Art. 420) wenn er ein Kaufmann ist, der die Güterbeförderung im Betriebe seines — nicht in Güterbeförderungen bestehenden — Handelsgewerbes übernommen hat.

[12] Das DHGB. (§ 429) hat die Haftung des Art. 395 zu einer bloßen Verschuldenshaftung abgeschwächt (s. Denkschrift zu § 421 des Entw.), dagegen sowohl die Vorschrift des Art. 400 als die des Art. 401 II übernommen (§§ 431, 432). Dem Beispiele des deutschen Rechtes ist der österreichische Vorentwurf eines HGB. aus dem Jahre 1920 gefolgt (s. Begründung S. 165).

[13] Über das Recht und die Pflicht zu dem in Art. 365 III und Art. 366 I vorgesehenen Notverkauf s. oben S. 54.

zum Absender entgegensetzen (s. Art. 415, 302, 303). Daraus erwächst natürlich dem Aussteller des Ladescheines eine erhebliche Gefahr. Sie wird aber gemildert, wenn der Aussteller über die bei einem Kaufmann vorauszusetzende Erfahrung und Überlegungskraft verfügt. Nimmt daher der Gesetzgeber, der das Vertrauen des Erwerbers eines Ladescheines auf den Inhalt der Urkunde schützen will, die erwähnte Gefahr in dem Falle in den Kauf, daß der Aussteller ein Kaufmann ist, so folgt daraus nicht, daß er auch den Nichtkaufmann der gleichen Gefahr aussetzen will. — Das Selbsteintrittsrecht, das Art. 376 dem Kommissionär gewährt „widerspricht" sicher „der Natur des Mandats".[14] Ungeachtet dieser Erkenntnis haben die Verfasser des HGB. das erwähnte Recht dem Kommissionär deshalb gewährt, weil „sich der Kommissionshandel durch seine enge Verbindung mit dem Properhandel in einer Weise entwickelt hat, welche es unmöglich macht,... an der Grundlage des Mandates überall streng festzuhalten".[15] Diese rechtspolitischen Erwägungen treffen aber nur für Mandate zu, die ein *Kaufmann* übernimmt. Aus dem angeführten Grunde kann auch die Kaufmannseigenschaft des Spediteurs für das ihm gewährte Recht zur Selbstausführung des Transportes (Art. 385) nicht als rechtlich gleichgültig angesehen werden. — Gemäß Art. 371 (381) kann der Kommissionär (Spediteur) außer dem Ersatz des wirklichen Aufwandes und abgesehen von der Provision auch eine Vergütung für die Benützung der Lagerräume und Transportmittel sowie für die Arbeit seiner Leute fordern; weiters hat der Kommissionär der auf Grund besonderer Vereinbarungen oder Handelsübung für die Erfüllung durch den Drittkontrahenten einsteht, gemäß Art. 370 III auch ohne Verabredung einen Anspruch auf eine Delkredereprovision. Alle diese Ansprüche folgen keineswegs schon aus allgemeinen Mandatsregeln. Sie beruhen vielmehr auf rein positivrechtlichen Vorschriften. Ein innerer Zusammenhang zwischen diesen und der dort vorausgesetzten Kaufmannseigenschaft des Kommissionärs (Spediteurs) ist mindestens sehr wahrscheinlich. Zweifellos besteht auch ein Zusammenhang zwischen der Kaufmannseigenschaft des Kommissionärs und Spediteurs und dem Rechtssatze, daß dem Kommissionär und Spediteur auch ohne besondere Verabredung ein Anspruch auf Provisionen zusteht.[16] Dieser Rechtssatz ist ja nur ein selbstverständlicher Folgesatz aus Art. 290.[17]

I. Die Vorschriften über das *Speditions*geschäft und über das *Fracht-*

---

[14] Siehe Mot. zum PrEntw. S. 160.

[15] Mot. zum PrEntw. a. a. O.

[16] Ein Rechtssatz, daß dem Frachtführer auch ohne Vereinbarung ein Anspruch auf Belohnung (Fracht) zusteht, ist im HGB. allerdings nicht ausdrücklich ausgesprochen. Er ergibt sich aber, und zwar ohne Rücksicht auf die Kaufmannseigenschaft des Transportunternehmens, bereits aus § 1152 ABGB.

[17] Siehe Staub^5, § 9 zu Art. 371.

geschäft, für deren Inhalt die in Art. 379, 388, bzw. Art. 390, 420 vorausgesetzte Kaufmannseigenschaft des Beauftragten, bzw. Transportunternehmers nicht von Bedeutung ist (s. oben S. 55ff.) und die auch nicht bloß Rechtssätze aussprechen, die sich bereits aus dem bürgerlichen Rechte ergeben, *sind analog auf Speditionsaufträge und Güterbeförderungen anzuwenden, die gelegentlich von einem Nichtkaufmann* — oder von einem Kaufmann aber nicht im Betriebe seines Handelsgewerbes — *übernommen werden.* Die Voraussetzung einer Lücke des bürgerlichen Rechts ist bereits dadurch gegeben, daß der Speditionsvertrag und der Frachtvertrag Geschäfte sind, die im bürgerlichen Recht keine besondere Regelung erfahren haben. Zwar fällt der Speditionsvertrag unter den Begriff des Bevollmächtigungsvertrages (§ 1002 HGB.)[18] und der Frachtvertrag unter den Begriff des Werkvertrages (§ 1151 ABGB). Aber die Vorschriften über den Bevollmächtigungsvertrag gedenken nicht des besonderen Falles, daß das zu besorgende Geschäft einen Güterbeförderungsvertrag darstellt und die Vorschriften über den Werkvertrag nicht des besonderen Falles, daß das Werk, dessen Herstellung übernommen wurde, in einer Güterbeförderung besteht. Eine analoge Ausdehnung in der angeführten Richtung gestatten einmal: die Vorschriften der Art. 391, 392 über das Recht des Frachtführers auf Ausstellung eines Frachtbriefes, die Vorschrift des Art. 394 über die Zeit, in der der Transport zu bewirken ist, und über die Rechtsfolgen der Verzögerung des Antrittes und der Fortsetzung der Reise,[19] die Vorschriften der Artt. 402 bis 405, die — ohne Rücksicht auf die Voraussetzungen des § 881 II ABGB. — dem Destinatar ein Recht aus dem Frachtvertrage gewähren, den Zeitpunkt der Entstehung dieses Rechtes bestimmen und sein Verhältnis zu dem Rechte des Absenders regeln,[20] die Vorschrift des Art. 384 über die besondere Haftung des Spediteurs im Falle einer Vereinbarung von Pauschalsätzen.[21] Die ratio, die allen diesen Vorschriften zugrunde liegt, ist ganz unabhängig von der Kaufmannseigenschaft des Beauftragten oder Transportunternehmers; sie trifft, wenn überhaupt, in vollem Maße

---

[18] Der Speditionsauftrag ist ebenso wie der Kommissionsauftrag ein Bevollmächtigungsvertrag im Sinne des § 1002. Denn die Worte „im *Namen* eines anderen" bedeuten soviel wie: „auf *Rechnung* eines anderen" (Schey, Obligationsverhältnisse, I S. 453 mit eingehender Begründung und überhaupt die herrschende Lehre).

[19] S. oben S. 40.

[20] S. oben S. 40.

[21] Analog anwendbar auf gelegentlich von einem Nichtkaufmanne übernommene Speditionsaufträge ist zwar auch die Vorschrift des Art. 383 über die besondere Rechtsfolge der Sammelladespedition. Aber die Voraussetzungen dieser werden doch in der Regel nur dann gegeben sein, wenn der Speditionsauftrag von einem Spediteur übernommen wird oder doch von jemand, der ein Handelsgewerbe betreibt.

auch dann zu, wenn eine Spedition oder Güterbeförderung von einem Nichtkaufmann übernommen wird. Dasselbe gilt von der Vorschrift des Art. 408, daß die Annahme des Gutes und Zahlung der Fracht die Erlöschung der Ansprüche gegen den Frachtführer — mit Ausnahme der Ansprüche wegen einer äußerlich nicht erkennbaren Minderung oder Beschädigung — zur Folge hat. Die Vorschrift beruht auf dem Gedanken daß der Empfänger, der nach Annahme des Gutes die Fracht ohne Abzug bezahlt, damit den Transport genehmigt.[22] Es ist vielleicht angesichts der heutigen Verkehrsverhältnisse[23] rechtspolitisch nicht zu billigen, daß das Gesetz der Frachtzahlung diese Konkludenz beilegt. Sie ist aber sicher in dem Falle, daß als Transportunternehmer ein Frachtführer oder doch ein Kaufmann im Betriebe seines Handelsgewerbes tätig war, nicht mehr begründet als in dem Falle, daß die Beförderung gelegentlich von einem Nichtkaufmanne ausgeführt wurde. Auch der rechtliche Grund für die Regel über die besondere Verjährung der Ansprüche gegen Spediteur und Frachtführer (Art. 386, 408 III) ist nur in dem *Inhalte des Geschäftes* gelegen,[24] aus dem diese Ansprüche entspringen, und ist ganz unabhängig von dem Beruf des Beauftragten, bzw. Transportunternehmers. — Hat der Frachtführer für Verlust oder Beschädigung des Gutes Ersatz zu leisten, so ist gemäß Art. 396 — wenn dem Frachtführer keine böswillige Handlungsweise zur Last fällt (Abs. 5) — der Schadensberechnung der gemeine Handelswert des Gutes zugrunde zu legen. Diese Haftungsbeschränkung kommt dem Frachtführer nicht nur dann zustatten, wenn er auf Grund des — auf bloß gelegentliche Güterbeförderungen durch Nichtkaufleute nicht analog anwendbaren[25] — Art. 395 ohne jedes subjektive Verschulden haftet; die erwähnte Haftungsbeschränkung greift vielmehr (arg. a contr. aus Abs. 5) auch dann Platz, wenn der Verlust oder die Beschädigung des Gutes auf eine Fahrlässigkeit des Frachtführers zurückzuführen ist,[26] also schon nach bürgerlichem Recht eine Haftung begründen würde. Es kann nun kaum dem Willen des Gesetzgebers entsprechen, daß ein Frachtführer oder überhaupt ein Kaufmann, der im Betriebe seines Handelsgewerbes eine Güterbeförderung übernimmt, bezüglich des Umfanges der Haftung für einen fahrlässig herbeigeführten Verlust oder eine fahrlässig herbeigeführte Beschädigung günstiger gestellt ist als ein anderer Transportunternehmer. Daher ist auch die Vorschrift des Art. 396

---

[22] Siehe RUNDNAGEL: Die Haftung der Eisenbahn,[4] S. 159.

[23] Die Vorschrift des Art. 408 ist dem Art. 105 des Code de commerce entnommen, der aber ganz andere Verkehrsverhältnisse im Auge hatte (vgl. RUNDNAGEL, a. a. O.).

[24] Die Motive zum PrEntw. (S. 167) bezeichnen die einjährige Verjährungsfrist als „eine dem Rechtsverhältnisse angemessene" Frist.

[25] S. oben S. 56.

[26] HAHN, § 1 zu Art. 396; STAUB[5], Einl. zu Art. 396 u. a. m.

analog auf Güterbeförderungen anzuwenden, die gelegentlich von einem Nichtkaufmanne übernommen werden.

II. Die Vorschriften über das *Kommissionsgeschäft*, also die Vorschriften, die das Verhältnis des Kommissionärs (und seiner Gläubiger, s. Art. 368) zum Kommittenten (und seinen Gläubigern, s. Art. 374 II) regeln, setzen gemäß Art. 360, 378 einen Auftrag — zum Abschlusse eines Geschäftes im Namen des Beauftragten auf Rechnung des Auftraggebers — voraus, der durch zwei Momente qualifiziert erscheint: Der Auftrag muß von einem *Kaufmanne* — von einem Kommissionär oder von jemand, der aus einem anderen Grunde Kaufmann ist, — im Betriebe seines Handelsgewerbes übernommen worden sein; Gegenstand des Auftrages muß ein *Handelsgeschäft* sein. In Frage kommt daher die Zulässigkeit einer analogen Erweiterung der angeführten Vorschriften nach zwei Richtungen: 1. einer analogen Anwendung auf den Fall, daß ein Auftrag zum Abschlusse eines Handelsgeschäftes (in eigenem Namen des Beauftragten auf Rechnung des Auftraggebers) gelegentlich von einem *Nichtkaufmann* übernommen wird; 2. einer analogen Anwendung auf den Fall, daß der von einem Kaufmann oder Nichtkaufmann übernommene Auftrag *kein Handelsgeschäft* zum Gegenstande hat.

1. Bereits an anderer Stelle (s. oben S. 57) wurde ausgeführt, daß der Inhalt einzelner Bestimmungen (nämlich der Art. 366 II, 370 III, 371, 374, 375, 376) des dritten Titels („Von dem Kommissionsgeschäfte") tatsächlich in einem inneren Zusammenhange mit der Kaufmannseigenschaft des Beauftragten steht. Für die Rechtsfolgen dagegen, die die anderen Vorschriften des genannten Titels anordnen, ist — wie noch zu zeigen sein wird — die *Kaufmannseigenschaft* des Beauftragten ganz unerheblich. Das heißt: Zwischen den dort vorgesehenen Tatbeständen und einem Tatbestande, der sich von ihnen nur durch das Fehlen der Kaufmannseigenschaft des Beauftragten unterscheidet, besteht eine Rechtsähnlichkeit, und zwar eine Rechtsähnlichkeit, die — wie bereits dargelegt wurde — nicht etwa vom Standpunkte der Auffassung des Gesetzgebers aus verneint werden muß.

2. Neben der Eigenschaft des Beauftragten kann auch der besondere *Inhalt* des Geschäftes, das den Gegenstand des Auftrages bildet, ein Bedürfnis nach besonderen Regeln über den Auftrag begründen. Aber der Umstand, das das aufgetragene Geschäft ein *Handels*geschäft bildet, sagt gar nichts über seinen Inhalt. Es besteht daher kein berechtigter Anlaß, einen Auftrag deshalb besonderen Mandatsregeln zu unterwerfen, weil er auf Abschluß eines Handelsgeschäftes gerichtet ist oder was dasselbe ist: kein Anlaß, irgendwelche Mandatsregeln auf den Fall zu beschränken, daß der Gegenstand des Auftrages ein Handelsgeschäft bildet. Gleichwohl werden die Regeln der Art. 361 ff. über die Beziehungen des Kommissionärs (und seiner Gläubiger) zum Kommittenten (und dessen

Gläubigern) auch in Art. 378 nur auf den Fall ausgedehnt, daß ein Kaufmann, dessen gewöhnlicher Handelsbetrieb nicht in Kommissionsgeschäften besteht, gelegentlich — im Betriebe seines Handelsgewerbes — einen Auftrag übernimmt, der auf Abschluß eines *Handels*geschäftes gerichtet ist. Bestritten[27] ist freilich, ob Art. 378 mit diesem Ausdrucke ein Geschäft begreift, das ein Handelsgeschäft wäre, wenn es der Auftraggeber selbst abgeschlossen hätte, oder ein Geschäft, das ein Handelsgeschäft ist, weil es der Beauftragte abschließt.[28] Die Aufnahme des Momentes der Handelsgeschäftseigenschaft des aufgetragenen Geschäftes in den Tatbestand des Art. 378 war nun — im Gegensatze zur Aufnahme des Momentes der Kaufmannseigenschaft des Beauftragten[29] — allerdings zur Wahrung der Grenzen der sachlichen Zuständigkeit des HGB. nicht notwendig. Denn diese Grenzen, innerhalb der die Verfasser des HGB. auch bei den Vorschriften über das Kommissionsgeschäft bleiben wollten,[30] wären auch dann gewahrt gewesen, den Vorschriften über das Kommissionsgeschäft wären auch dann bloß Handelsgeschäfte unterworfen worden, wenn Art. 378 diese Vorschriften — ohne jede weitere Beschränkung — auf Aufträge ausgedehnt hätten, die ein Kaufmann gelegentlich im Betriebe seines Handelsgewerbes übernimmt. Diese Betriebszugehörigkeit gibt ja dem Auftrage gemäß Art. 273 stets die Eigenschaft eines Handelsgeschäftes, auch wenn diese Eigenschaft dem aufgetragenen Geschäfte ausnahmsweise (Art. 273 III, 275)[31] überhaupt fehlt oder dann nicht zukäme, wenn es der Auftraggeber selbst abgeschlossen hätte. Gleichwohl wäre die Annahme unbegründet, daß das HGB. in Art. 378 deshalb von einem „einzelnen *Handels*geschäfte" und nicht einfach von einem einzelnen *Geschäfte* spricht, das ein Kaufmann

---

[27] S. hierüber SCHMIDT—RIMPLER in Ehrenbergs Handb., V 2 S. 505

[28] Auch in diesem Falle wäre es nicht ohne jede Bedeutung, daß Art. 378 nicht von einem einzelnen *Geschäfte*, sondern von einem einzelnen „*Handels*geschäfte" spricht, das ein Kaufmann „in eigenem Namen für Rechnung eines Auftraggebers schließt". Die Voraussetzung der Handelsgeschäftseigenschaft des aufgetragenen Geschäftes wäre zwar regelmäßig, aber nicht immer schon in der Voraussetzung der Kaufmannseigenschaft des Beklagten mitenthalten: Zwar begründet die in Art. 378 vorausgesetzte (s. oben N. 8) Betriebszugehörigkeit des Auftrages auch notwendig die des Ausführungsgeschäftes. Aber die zum Betriebe des Handelsgewerbes eines Kaufmannes gehörenden Geschäfte sind nur regelmäßig (Art. 273 I) und nicht immer (s. Art. 273 III, Art. 275) Handelsgeschäfte.

[29] S. oben S. 55.

[30] S. oben N. 6.

[31] Ebensowenig wie Aufträge zur Vermittlung von Immobiliargeschäften (siehe STAUB-PISKO[3], § 8 zu Art. 275 und die dort angeführten Belege) fallen auch Aufträge zum Abschluß solcher Geschäfte unter die Regel des Art. 275. Denn absolutes Nichthandelsgeschäft ist auf Grund dieser Vorschrift nur ein Geschäft, dessen *unmittelbaren* Gegenstand eine unbewegliche Sache bildet.

„in eigenem Namen für Rechnung eines Auftraggebers abschließt", weil es dem Momente der Handelsgeschäftseigenschaft des Ausführungsgeschäftes: dem Umstande, daß dieses Geschäft ein Handelsgeschäft *ist*, oder dem Umstande, daß es ein solches im Falle des Abschlusses durch den Auftraggeber *wäre*, eine Erheblichkeit für die in Art. 378 (mittelbar) angeordneten Rechtsfolgen beilegt, also die Rechtsähnlichkeit eines dieses Momentes entbehrenden Tatbestandes verneint. Die Fassung des Art. 378 ist einfach aus seiner erkennbaren Anlehnung an den Wortlaut des Art. 360 zu erklären. Dort wird als Kommissionär derjenige bezeichnet, „welcher gewerbsmäßig im eigenen Namen für Rechnung eines Auftraggebers (Kommittenten) *Handelsgeschäfte* abschließt". Die gewerbsmäßige Übernahme von Aufträgen zum Abschlusse von Geschäften in eigenem Namen des Beauftragten und auf Rechnung des Auftraggebers begründet also die Kommissionäreigenschaft nur dann, wenn das aufgetragene Geschäft ein Handelsgeschäft darstellt. Diese Beschränkung, die übrigens bei der Gesetzesberatung auf Widerspruch gestoßen ist,[32] erscheint ganz begreiflich. Denn das HGB. mußte, wenn es nicht sein System verlassen wollte, die Handelsgeschäftseigenschaft der gewerbsmäßigen Auftragsübernahme (s. in Art. 272 Z. 3 die Worte „Geschäfte des Kommissionärs") sowie die Kommissionär- und Kaufmannseigenschaft des Beauftragten an die Übernahme von Aufträgen zu solchen Geschäften binden, die selbst eine Beziehung zum Handel aufweisen.[33] Diese Beziehung erblickt das HGB. in der Handelsgeschäftseigenschaft[34] des aufgetragenen Geschäftes.[35] Das HGB. wollte nun den Regeln, die es in den Art. 360ff. für Aufträge gibt, die ein Kommissionär übernimmt, auch Aufträge unterwerfen, die überhaupt von einem Kaufmann im Betriebe seines Handelsgewerbes übernommen werden. Darin liegt das Schwergewicht des Art. 378. Sein Wortlaut wurde — wie aus den Gesetzesmaterialien erhellt — nicht näher erwogen, sondern dem des Art. 360 angelehnt. Hierbei haben die Verfasser des HGB. übersehen, daß der

---

[32] Prot. 744.

[33] Vgl. auch Mot. zum PrEntw. S. 149.

[34] Dabei kommt es nach der herrschenden aber nicht unbestrittenen (s. oben N. 27) Meinung nicht darauf an, ob das aufgetragene Geschäft dadurch, daß es der Beauftragte abschließt, die Eigenschaft eines Handelsgeschäftes erhält, sondern darauf, ob diese Eigenschaft dem Geschäfte dann zukäme, wenn es der Auftraggeber selbst abschlösse.

[35] Nach § 383 DHGB. wird die zur Begründung der Kommissionäreigenschaft notwendige Beziehung zum Handel dadurch hergestellt, daß die gewerbsmäßig übernommenen Aufträge auf den Kauf oder Verkauf von *Waren* oder Wertpapieren gerichtet sind. — Nach Art. 425 SchwOR. genügt ein Auftrag auf Einkauf oder Verkauf von *beweglichen Sachen* oder Wertpapieren. Dieser weite Kommissionärbegriff entbehrt allerdings jeder Beziehung zum Handel. Aber die Vorschriften des SchwOR. über „Die Kommission" werden auch gar als handelsrechtliche Vorschriften bezeichnet.

Handelsgeschäftseigenschaft des aufgetragenen Geschäftes, die sie durch die erwähnte Anlehnung zu einem Tatbestandselemente des Art. 378 gemacht haben, zwar Erheblichkeit für die Rechtsfolge des Art. 360 I zukommt, nicht aber Erheblichkeit für die (mittelbar) in Art. 378 angeordneten Rechtsfolgen. Dieser Fehler des Gesetzgebers[36] läßt sich durch eine analoge Anwendung der Vorschriften über das Verhältnis zwischen Kommissionär (und seinen Gläubigern) und dem Kommittenten (und seinen Gläubigern) auf Aufträge beseitigen, denen das erwähnte in den Tatbestand des Art. 378 aufgenommene, aber in Wahrheit rechtlich ganz unerhebliche Element fehlt. — Die Handelsgeschäftseigenschaft des aufgetragenen Geschäftes bildet zwar ein an sich für die Rechtsfolgen der Art. 360ff. ganz unerhebliches Tatbestandselement. Die Voraussetzung, daß der Auftrag auf Abschluß eines Handelsgeschäftes gerichtet ist, schließt aber auch die negative Voraussetzung in sich, daß das aufgetragene Geschäft keine unbewegliche Sache zum Gegenstande hat. *Diesem* Umstande kann freilich nicht die Erheblichkeit für alle in den Art. 360ff. angeordneten Rechtsfolgen abgesprochen werden. Mit anderen Worten: Die Rechtsähnlichkeit der Tatbestände, die einzelne der erwähnten Vorschriften vorsehen, mit dem Falle, daß ein Kaufmann oder Nichtkaufmann einen Auftrag zum Abschlusse eines *Nicht*handelsgeschäftes im eigenen Namen auf Rechnung des Auftraggebers übernimmt, wird durch den Umstand ausgeschlossen, daß das aufgetragene Geschäft sich als ein Geschäft über eine *unbewegliche* Sache darstellt. So können die Rechte der Art. 374 I, 375 (Pfandrecht des Kommissionärs am Kommissionsgut, Recht des Kommissionärs zum Pfandverkaufe nach Vorschrift des Art. 310) und das Recht des Art. 366 II (Befreiungsverkauf) sicher auch einem Kaufmanne nicht bezüglich einer Liegenschaft zustehen, die er in eigenem Namen auf Rechnung eines Auftraggebers gekauft hat oder verkaufen soll.[37] Die Vorschriften über den Selbsteintritt sind schon deshalb keiner analogen Erweiterung auf Aufträge zu Immobiliargeschäfte fähig, weil bei diesen die Voraussetzung eines Börse- oder Marktpreises nicht erfüllt werden kann.[38]

Eine Voraussetzung für eine analoge Ausdehnung der kommissions-

---

[36] Das DHGB. hat diesen Fehler vermieden. Denn der dem Art. 378 entsprechende § 406 dehnt die für Kommissionäre (s. § 383 und oben N. 35) gegebenen Vorschriften auf den Fall aus, daß ein Kommissionär oder ein anderer Kaufmann im Betriebe seines Handelsgewerbes „ein Geschäft" — welcher Art immer — „für Rechnung eines anderen im eigenen Namen zu schließen übernimmt."

[37] Auf Aufträge, die ein Nichtkaufmann übernimmt, sind die angeführten Vorschriften überhaupt nicht analog anwendbar, s. oben S. 56).

[38] Auch diese Vorschriften gestatten überhaupt nur eine analoge Anwendung auf den Fall, daß ein *Kaufmann* einen Auftrag übernimmt; s. oben S. 57.

rechtlichen Vorschriften des HGB. nach der einen oder anderen der beiden angegebenen Richtungen bildet eine Lücke des bürgerlichen Rechts. Eine solche liegt hier (s. dagegen oben S. 58) nicht schon in einem Mangel einer besonderen Norm für das *Geschäft*, das durch die erwähnte Analogie den Regeln des HGB. unterstellt werden soll. Es handelt sich ja zum Teile um die Frage der analogen Anwendung auf *alle* Mandatsverträge, denen zufolge der Beauftragte irgendein Geschäft in eigenem Namen, also ohne „offene Vollmacht" (s. § 1017) auf Rechnung des Auftraggebers vornehmen soll. Aber auch bei der analogen Anwendung der Art. 360ff. auf Aufträge, die zwar ein Handelsgeschäft zum Gegenstande haben, aber gelegentlich von einem Nichtkaufmann übernommen werden, läßt sich eine Lücke des bürgerlichen Rechts nicht damit begründen, daß dieses keine besonderen Vorschriften für Aufträge gibt, die auf Abschluß von Handelsgeschäften (im Sinne des HGB.) gerichtet sind. Der Auftrag zum Abschlusse eines Handelsgeschäftes bildet ja nicht wie der Speditionsauftrag einen auf ein Geschäft bestimmten Inhaltes lautenden Auftrag.[39] Das aufgetragene Geschäft kann vielmehr, ohne Rücksicht auf seinen Inhalt, die — sei es nach der Person des Beauftragten, sei es nach der des Auftraggebers zu beurteilende — Handelsgeschäftseigenschaft durch die verschiedensten Umstände erlangen. Man kann aber gewiß nicht sagen, daß der Gesetzgeber an alle diese Umstände bei Aufstellung der Mandatsregeln nicht gedacht hat. Aus den §§ 1027, 1029, 1030, 1031 ergibt sich sogar mit voller Sicherheit das Gegenteil. Eine Lücke des bürgerlichen Rechts, die einer analogen Anwendung der Art. 361ff. auf einen durch sie — infolge Fehlens der Kaufmannseigenschaft des Beauftragten, der Handelsgeschäftseigenschaft des aufgetragenen Geschäftes oder beider Momente — nicht getroffenen, also dem bürgerlichen Rechte unterliegenden Mandatsvertrag Raum gibt, kann sich aber daraus ergeben, daß die genannten Artikel besondere auf Grund des Kommissionsauftrages eintretende *Tatbestände* und besondere aus dem Kommissionsauftrage zwischen den Beteiligten eintretende *Beziehungen* regeln, für die das ABGB. keine Vorschriften trifft. Der Mangel solcher Vorschriften begründet, von einer Ausnahme (s. unten d) abgesehen, angesichts der Art. 360ff. HGB. dann eine — ihrer analogen Anwendung raumgebende — Lücke (im rechtspolitischen Sinn), wenn der Rechtsgrund der Regeln des HGB. über einzelne beim Kommissionsauftrage eintretende Tatbestände oder bestimmte aus dem Kommissionsauftrage entspringende Beziehungen nicht von den Umständen abhängig ist, die einen Mandatsvertrag zu einem der direkten Anwendung der Art. 360ff. unterliegenden Kommissionsauftrag machen. Diese Voraussetzung: die Unerheblichkeit des Momentes der Kaufmannseigenschaft des Kommissionärs oder des

[39] S. oben S. 58.

Momentes der Handelsgeschäftseigenschaft des aufgetragenen Geschäftes oder beider Momente, trifft — wie zum Teile bereits gezeigt wurde, zum Teile noch zu zeigen sein wird — bei allen Vorschriften des dritten Titels des vierten Buches zu, die überhaupt Gelegenheit zu einer analogen Erweiterung über die Grenzen des Gebietes ihrer direkten Anwendung bieten, die also nicht bloß Rechtssätze aussprechen, die bereits auf Grund des ABGB. gelten.

a) Dem Kommissionär steht auf Grund der Art. 366 II, 370 III, 371, 374, 375, 376 eine Reihe von Rechten zu, die das ABGB. dem Mandatar nicht gewährt, aber auch nicht ausdrücklich versagt: das Recht auf Befreiungsverkauf bei Verzug des Kommittenten mit den ihm obliegenden Verfügungen, das Recht auf eine Delkredereprovision, auf eine Vergütung für Benützung der Lagerräume, der Transportmittel sowie für die Arbeit seiner Leute,[40] das Recht, das Kommissionsgut und die gegen den Drittkontrahenten erworbenen Forderungen als Deckung für seine Ansprüche zu verwenden, das Selbsteintrittsrecht. Es ist nun allerdings — wie bereits ausgeführt wurde — kein Gebot gesetzgeberischer Konsequenz, diese Rechte, wenn sie einem Kaufmanne gewährt werden, auch jedem anderen Mandatar zuzugestehen. Für den Gesetzgeber besteht aber kein Anlaß, die erwähnten Rechte des Beauftragten von der — nach der Person des Auftraggebers oder der des Beauftragten zu beurteilenden — Handelsgeschäftseigenschaft des aufgetragenen Geschäftes abhängig zu machen. Es ist also auch nicht anzunehmen, daß der Gesetzgeber, der die erwähnten Rechte einem Kaufmann gewährt, der einen Auftrag zum Abschluß eines Handelsgeschäftes übernommen hat, diese Rechte in dem rechtsähnlichen Falle versagen will, daß der Auftrag zwar von einem Kaufmann übernommen wird, aber kein Handelsgeschäft zum Gegenstande hat. Das Schweigen des Gesetzes über diesen Fall begründet daher eine Lücke; dabei mag dahingestellt bleiben, ob eine Lücke des ABGB. oder eine solche des HGB. vorliegt. Die Lücke ist jedenfalls durch analoge Anwendung der oben angeführten Bestimmungen auszufüllen.[41] Die analoge Anwendung der Art. 366 III, 374 I und Art. 376 — nicht auch die der Art. 370 III und 371 — ist allerdings auf den Fall beschränkt, daß das aufgetragene Geschäft keine unbewegliche Sache zum Gegenstande hat (s. oben S. 63).

[40] S. oben S. 53, 57.

[41] Eine Bedeutung hat diese Analogie gerade vom Standpunkte der herrschenden Ansicht aus, daß auch Art. 378 (s. oben N. 27, 34) unter Handelsgeschäft ein Geschäft versteht, das ein Handelsgeschäft wäre, wenn es der Auftraggeber selbst abschlösse. Vom Standpunkte der Gegenmeinung aus hat ja jeder von einem Kaufmann im Betriebe seines Handelsgewerbes übernommene Auftrag — abgesehen von den sich aus Art. 273 III und Art. 275 ergebenden Ausnahmen — notwendig ein Handelsgeschäft im Sinne des Art. 378 zum Gegenstande.

b) Der Kommittent kann gegen die Regel des Art. 362 das vom Kommissionär auftragswidrig abgeschlossene Geschäft nicht zurückweisen, wenn: 1. der Verkaufskommissionär unter dem gesetzten Mindestpreise verkauft hat (Art. 363); 2. wenn der Einkaufskommissionär unter Überschreitung des Höchstpreises eingekauft hat, sich aber gleichzeitig mit der Einkaufsanzeige bereit erklärt hat, den Unterschied aus eigenen Mitteln zu decken (Art. 364); 3. wenn der Verkaufskommissionär unberechtigt auf Kredit verkauft hat (Art. 369 III).[42] Der Kommittent kann im ersten Falle vom Kommissionär den Preisunterschied verlangen (Art. 363), braucht im zweiten Falle dem Kommissionär nur den Aufwand zu vergüten, zu dessen Ersatze er bei auftragmäßiger Ausführung verpflichtet gewesen wäre, und kann im dritten Falle — sofern er nicht das Geschäft, so wie es geschlossen wurde, genehmigt, d. h. nicht die Kaufpreisforderung gegen den Dritten für sich in Anspruch nimmt — vom Kommissionär sofort Zahlung des unbefugt kreditierten Kaufpreises verlangen (Art. 369 III). Der Kommittent ist also in allen drei Fällen in derselben rechtlichen und wirtschaftlichen Lage, in der er sich bei auftragsmäßiger Ausführung des Geschäftes befunden hätte. Das ist der Grund, aus dem das Gesetz dem Kommittenten in den genannten Fällen das Zurückweisungsrecht versagt.[43] Dieser Grund trifft aber in vollem Umfange für jedes Mandat zu, wenn der Mandatar in einer der angeführten Richtungen die Grenzen seines Auftrages überschreitet. Das ABGB. trifft für diese Auftragswidrigkeiten keine Bestimmung. Der Mangel einer solchen bildet im Hinblick auf die Rechtsähnlichkeit der in Art. 363, 364, 369 III geregelten Tatbestände eine Lücke. Die bezogenen Bestimmungen des HGB. sind daher analog auf jedes Mandat anzuwenden, das auf Besorgung eines Geschäftes im Namen des Beauftragten und auf Rechnung des Auftraggebers gerichtet ist: An Stelle des Rechtes des Auftraggebers, das auftragswidrig geschlossene Geschäft abzulehnen (§§ 1009, 1016 ABGB.),[44] treten die in Art. 363, 364, 369 III bestimmten Rechtsfolgen.

c) Das aufgetragene Geschäft wird vom Kommissionär in eigenem Namen abgeschlossen. Gläubiger der aus diesem Geschäfte gegen den Drittkontrahenten entspringenden Forderung ist also der Kommissionär; ihm steht daher auch das Recht *an* dieser Forderung zu.[45] Daraus würde folgen, daß die Forderung gegen den Drittkontrahenten auch ein Befriedigungsobjekt für die Gläubiger des Kommissionärs bildet.[46] Diese Konsequenz durchbricht jedoch das HGB. Es bestimmt

---

[42] STAUB[5], § 3 zu Art. 369; mein Lehrbuch des HR., S. 220.
[43] S. mein Lehrbuch d. HR., S. 219.
[44] S. oben S. 53.
[45] Vgl. GlUNF. 7122.
[46] S. oben bei N. 1.

nämlich (Art. 368 II), daß Forderungen des Kommissionärs aus dem von ihm in Ausführung des Kommissionsauftrages geschlossenen Geschäfte im Verhältnis zwischen dem Kommittenten und den Gläubigern des Kommissionärs — auch ohne Abtretung — als Forderungen des Kommittenten gelten.[47] Der Kommittent hat also bezüglich solcher Forderungen im Konkurse des Kommissionärs ein Aussonderungsrecht; er kann gegen die Exekution, die ein einzelner Gläubiger des Kommissionärs auf eine solche Forderung führt, gemäß § 37 EO. Widerspruch erheben. Die Vorschrift des Art. 368 II — die wörtlich in das geltende deutsche HGB. (§ 392 II) aufgenommen wurde — kann nicht auf dem Gedanken beruhen, daß die Gläubiger des Kommissionärs, wenn sie diesem Kredit geben, damit rechnen müssen, daß ihr Schuldner auf Rechnung eines anderen handelt.[48] Die erwähnte Vorschrift ist ja nicht auf den Fall beschränkt, daß der Beauftragte gewerbsmäßig Kommissionsgeschäfte betreibt, kann vielmehr gemäß Art. 378 (§ 406 DHGB.) auch dann Platz greifen, wenn der Beauftragte Eigenhändler ist und im Betriebe seines Eigenhandelsgewerbes gelegentlich einen Kommisionsauftrag übernommen hat.[49] Auch ist der Zugriff auf die Forderungen gegen den Drittkontrahenten *allen* Gläubigern des Kommissionärs versagt, nicht nur den Gläubigern, deren Forderungen aus einem Rechtsgeschäfte herrühren. Man kann die Vorschrift des Art. 368 II auch nicht damit erklären, daß angesichts der „Buchführung und der sonstigen Betriebseinrichtungen des Kaufmanns die Forderungen des Kommissionärs aus dem Ausführungsgeschäfte viel leichter aus den übrigen Vermögen auszusondern sind als im gewöhnlichen bürgerlichen Verkehr“.[50] Diese Erklärung trifft einmal für den Fall nicht zu, daß der Kommissionsauftrag von einem Minderkaufmann übernommen wurde.[51] Sie ist aber auch gar nicht schlüssig. Denn in der Regel läßt sich auch ohne Zuhilfenahme der Bücher des Beauftragten sehr leicht ermitteln, ob dieser ein bestimmtes Geschäft auf eigene Rechnung oder für Rechnung eines Auftraggebers geschlossen hat. Die zunächst liegende und auch allein befriedigende Erklärung ist darin zu finden, daß die Forderungen des Kom-

[47] Die Vorschrift ist der „Gerichtsordnung für die preußischen Staaten“ (I 50, § 300) entnommen. Aus dieser stammt wohl auch die entsprechende Bestimmung (§ 1621) des privatrechtlichen Gesetzbuches für Zürich (1853).

[48] So allerdings RG. 84, S. 216; JÄGER: Komm. zur KO.[7], Anm. 49 zu § 44; Prot. der 2. Lesung des DBGB. II, S. 364; anscheinend auch OGH. in SZ. XIV/121. In der Begründung dieser Entsch. wird nämlich gesagt, daß eine Ausdehnung der Vorschrift des Art. 368 II auf andere Fälle mittelbarer Stellvertretung die „Verkehrssicherheit schädigen würde“.

[49] Richtig: NUSSBAUM: Tatsachen und Begriffe im deutschen Kommissionsrecht, S. 39.

[50] So NUSSBAMU, a. a. O.

[51] SCHMIDT-RIMPLER, a. a. O. S. 611.

missionärs gegen den Drittkontrahenten „mit Mitteln und für Gefahr des Kommittenten erworben sind",[52] daß daher die Gläubiger des Kommissionärs, wenn sie auf diese Forderungen greifen könnten, sich mittelbar aus dem Vermögen des Kommittenten befriedigen würden. Die Motive zu der dem Art. 368 II entsprechenden Vorschriften des PrEntw. (Art. 285 II) sagen, daß „ohne eine solche Vorschrift bei der Verkaufskommission der Kommittent, dessen Sache verkauft worden ist, Gefahr laufen würde, auch noch den ausstehenden Preis derselben zu verlieren"[53]. Darin ist wohl ein — freilich nicht sehr glücklicher — Ausdruck des oben aufgezeigten rechtspolitischen Motives zu erblicken. Es ist selbstverständlich ganz unabhängig von der Kaufmannseigenschaft des Beauftragten und der Handelsgeschäftseigenschaft des aufgetragenen Geschäftes.[54] Die Vorschrift des Art. 368 II ist daher — da das ABGB. keine besondere Vorschrift über das Verhältnis des Auftraggebers zu den Gläubigern des (in eigenem Namen abschließenden) Beauftragten enthält — auf alle Fälle anzuwenden, in denen dem Beauftragten aus einem in eigenem Namen abgeschlossenen Geschäfte eine Forderung gegen den Drittkontrahenten zusteht. Der OGH. hat in zwei Entscheidungen die Zulässigkeit dieser Analogie ausgesprochen,[55] sie allerdings auch wiederholt[56] abgelehnt.[57] Denselben Standpunkt hat unter der Herrschaft des allgemeinen deutschen HGB. die deutsche Rechtsprechung[58] eingenommen. Sie erachtet in Übereinstimmung mit dem überwiegenden Teil des Schrifttums[59] auch eine analoge Anwendung der dem Art. 368 II ent-

[52] Müller-Erzbach: Die Grundsätze der mittelbaren Stellvertretung, S. 54.

[53] Nussbaum, a. a. O. will diese Begründung nicht gelten lassen, da sie „unaufgeklärt" lasse „weshalb der Kommittent bessergestellt werde als der Auftraggeber im bürgerlichen Rechte". Aber das ist eben die Frage ob sich überhaupt für die Vorschrift des Art. 368 II eine Begründung finden läßt, die nicht auch für das Mandat des bürgerlichen Rechts zutrifft.

[54] Darauf wurde auch bei der zweiten Lesung des Entwurfs des deutschen DBGB. gewiesen (Prot. II, S. 361, s. auch unten N. 61).

[55] E. 29. Mai 1922, ZBl. 41, Nr. 202; 10. Juli 1934, JBl. 1935, S. 105; ebenso Ehrenzweig, § 113, N. 16 und Geller, ZBl. 38, S. 228.

[56] In der E. v. 8. Juni 1932, SZ. XIV/121 (s. oben S. 6 N. 22), in der nicht klar begründeten E. v. 23. März 1920, ZBl. 38, Nr. 75 und in der E. v. 8. November 1914, GlUNF. 7122, deren Begründung auf die unanfechtbare aber nicht ausreichende Feststellung hinausläuft, daß das bürgerliche Recht keine *logische* Lücke aufweist.

[57] Ebenso Bartsch, Komm. zur KO. usw.[2] Anm. 44 zu § 44; Staub-Pisko[2], § 2 zu Art. 368.

[58] S. z. B. RG. 1, 315; 40, 86; OLG. Hamburg DJZ. 1898, Sp. 24.

[59] Jäger, a. a. O., Tuhr, Bürg. R., II 2, S. 216; Staub-Gadow, Anm. 3 zu § 392; Oertmann: BGB., Allgem. Teil, Vorbem. vor § 163, Bem. 6 u. a. m.; a. M.: Müller-Erzbach a. a. O. S. 26, 54; Schmidt-Rimpler a. a. O. S. 611 ff., zum Teil auch Schreiber a. a. O. S. 169.

sprechenden Vorschrift des § 392 II DHGB. auf andere Fälle mittelbarer Stellvertretung für unzulässig.[60] Gegen eine analoge Anwendung dieser Bestimmung spricht allerdings der Umstand, daß bei der fast zu gleicher Zeit bewirkten Neuordnung des deutschen bürgerlichen Rechts und des Handelsrechts eine dem Art. 368 II entsprechende Vorschrift in das HGB., aber — ungeachtet eines hierauf gerichteten Antrages[61] — nicht in das BGB. aufgenommen wurde.[62] Das läßt darauf schließen, daß der Gesetzgeber — wenn auch mit Unrecht — die Rechtsähnlichkeit der Tatbestände verneint (s. oben S. 28).

d) Art. 371 II enthält zwei Rechtssätze über die Voraussetzungen des Provisionsanspruches des Kommissionärs: 1. Der Anspruch auf Provision ist erworben, „wenn das Geschäft zur Ausführung gekommen ist". Zur Ausführung gehört nach herrschender Ansicht[63] regelmäßig auch die Erfüllung des Geschäftes durch den Drittkontrahenten, und zwar auch dann, wenn der Kommissionär nur mit dem Abschluß des aufgetragenen Geschäftes betraut ist und nicht auch mit dessen Abwicklung. 2. Die Bestimmung, daß der Kommissionär für nicht ausgeführte Geschäfte — sofern ihm nicht auf Grund eines Handelsbrauches ein Anspruch auf eine Auslieferungsprovision zusteht — keine Provision fordern kann, schließt den Rechtssatz in sich, daß der Kommissionär im Falle Unterbleibens der Ausführung des Geschäftes infolge Widerrufes des Kommissionsauftrages durch den Kommittenten überhaupt keine Provision verlangen kann, auch nicht einen seiner bereits aufgewendeten Mühe entsprechenden Teil der Provision.[64] Auch diese beiden Rechtssätze stehen in keinem inneren Zusammenhange mit den Umständen, die ein Mandat zu einem den Art. 360ff. unterliegenden Kommissionsauftrag machen. Gleichwohl ist eine analoge Ausdehnung auf andere Mandatsverträge nicht möglich: Der zweite Rechtssatz steht im Widerspruch mit der ausdrücklichen Vorschrift des § 1020 ABGB., daß der Auftraggeber, der den Auftrag widerruft, „einen der Bemühung angemessenen Teil der Belohnung entrichten" muß. Aber auch die analoge

---

[60] RG. 58, 277; 84, 216. Weitere Mitteilungen über die Judikatur s. bei Jäger a. a. O.

[61] Protokolle zweiter Lesung II, S. 361ff.

[62] Dagegen hat das SchwOR. die den Art. 368 II entsprechende für den Kommissionär gegebene Vorschrift des Züricher Gesetzbuches (s. oben N. 47) nicht in den Titel „Die Kommission" aufgenommen, sondern den allgemeinen Vorschriften über den „Auftrag" eingereiht (s. Art. 401).

[63] Hahn, §§ 13, 14 zu Art. 371; Staub[5], §§ 10ff. zu Art. 371; Düringer-Hachenburg (Lehmann), Anm. 6 zu § 396 DHGB.; Schmidt-Rimpler a. a. O. S. 798; anders Grünhut: Recht des Kommissionshandels, S. 264ff. und mein Lehrbuch des HR., S. 224.

[64] Ehrenzweig, § 384, N. 2; mein Lehrbuch des HR., S. 224; vgl. auch Grünhut a. a. O. S. 268, 269.

Anwendung des ersten (nach herrschender Meinung) in Art. 371 II ausgesprochenen Rechtssatzes scheitert an dem Mangel einer Lücke des bürgerlichen Rechts: Das ABGB. enthält zwar keine Vorschrift über die Voraussetzungen, unter denen der Beauftragte eine ihm etwa gebührende Belohnung verlangen kann. Das Fehlen einer solchen Bestimmung begründet sicher keine logische Lücke. Die Frage nach den Voraussetzungen der Entstehung des Entlohnungsanspruches läßt sich ja — wenn auch vielleicht nicht ganz zweifelsfrei[65] — unter Bedachtnahme auf die Grundsätze entscheiden, die für entgeltliche Verträge gelten und sich aus dem Inhalt und der Natur des Mandatsvertrages ergeben. Es liegt aber auch keine Lücke im rechtspolitischen Sinne vor. Denn der Gesetzgeber hat den Fall, daß dem Beauftragten auch ein Anspruch auf Belohnung zusteht, nicht übersehen, sondern dieses Falles an mehreren Stellen (s. §§ 1004, 1013, 1020) gedacht. Aus dem Fehlen einer besonderen Vorschrift über die Voraussetzungen der Entstehung des Anspruchs auf Belohnung muß daher geschlossen werden, daß der Gesetzgeber auch *will*, daß bei Entscheidung der Frage nach den Voraussetzungen des Lohnanspruches des Mandatars die erwähnten allgemeinen Grundsätze angewendet werden. Nach diesen Grundsätzen kann aber jedenfalls nicht mehr verlangt werden, als daß der Beauftragte den aus seiner Tätigkeit erwarteten Erfolg herbeigeführt hat, daß er also, wenn er nur mit dem Abschlusse betraut war, das Geschäft auftragsgemäß abgeschlossen hat und daß er, wenn und soweit ihm auch die Abwicklung übertragen war, das Geschäft — durch Leistung der Erfüllung und Entgegennahme dieser — abgewickelt hat. Soweit aber die Entgegennahme der Erfüllung nicht zu der dem Beauftragten obliegenden Abwicklung gehört, bildet die Erfüllung durch den Drittkontrahenten nur dann eine Voraussetzung des Anspruches auf den Lohn, wenn dies durch eine positive Gesetzesvorschrift ausgesprochen ist.[66]

§ 13.

III. Stille Gesellschaft.

Der erste Titel des dritten Buches des HGB. regelt die „Stille Gesellschaft". Eine solche ist gemäß Art. 250 und Art. 252 I, der die Begriffsbestimmung des Art. 250 ergänzt,[1] vorhanden: wenn sich jemand am Betriebe des Handelsgewerbes eines anderen mit einer in dessen Alleineigentum übergehenden, also zu keiner Gemeinschaft bezüglich des

---

[65] Vgl. hiezu Schey a. a. O. S. 663ff.; Neumann-Ettenreich, GZ. 1908 S. 42; Ehrenzweig, § 383, N. 2.

[66] Vgl. Hahn, § 13 zu Art. 371.

[1] Siehe Lastig in Endemanns Handb., I S. 704.

Geschäftsvermögens und des Unternehmens führenden[2] Einlage gegen Anteil am Gewinn und Verlust beteiligt. Eine Beteiligung dieses Inhaltes kann natürlich auch bezüglich eines Unternehmens vereinbart werden, das kein Handelsgewerbe darstellt.[3] Das HGB. mußte jedoch dieses Moment in den Tatbestand der stillen Gesellschaft aufnehmen, da es sonst mit den Regeln über diese die Grenzen seiner Zuständigkeit überschritten hätte. Man kann eine Beteiligung, die zwar kein Handelsgewerbe, also nicht das Unternehmen eines Kaufmanns zum Gegenstande hat, die aber im übrigen den in Art. 250 und Art. 252 I vorgesehenen Inhalt aufweist, der stillen Gesellschaft des HGB. als *zivilrechtliche* stille Gesellschaft[4] gegenüberstellen. Sie wird, da das Tatbestandsmerkmal des Handelsgewerbes fehlt, von den handelsrechtlichen Vorschriften über die stille Gesellschaft nicht erfaßt. Aber auch das bürgerliche Recht enthält keine besonderen Vorschriften für die stille Gesellschaft, nämlich für den Fall, daß sich jemand auf die in Art. 250 und 252 I bezeichnete Art am Betriebe des Unternehmens eines anderen beteiligt. Diese Rechtslage führt zu der Frage, ob die handelsrechtlichen Vorschriften über die stille Gesellschaft eine analoge Anwendung auf die zivilrechtliche stille Gesellschaft zulassen. Im Schrifttum ist diese Frage bisher kaum berührt worden.[5] Sie ist gegenstandslos, wenn und insoweit die Parteien bei Eingehung einer zivilrechtlichen stillen Gesellschaft gültig vereinbart haben, daß diese den handelsrechtlichen Vorschriften über die stille Gesellschaft unterliegen soll. Ein solcher Parteienwille muß nicht ausdrücklich erklärt werden;[6] durch ihn kann jedoch nur der Inhalt der Vorschriften des HGB., die das Verhältnis zwischen den Beteiligten, also dem Komplementär und dem stillen Gesellschafter regeln, zum Vertragsinhalt gemacht werden, nicht aber der Inhalt der Vorschriften über die Beziehungen der Beteiligten zu Dritten (s. Art. 259, 263).[7] Die

[2] Dieses negative Merkmal der stillen Gesellschaft ist durch die Vorschrift des Art. 252 I aufgestellt, daß der Inhaber des Handelsgewerbes Eigentümer der Einlage des stillen Gesellschafters wird.

[3] Das ist in der Rechtssprechung und im Schrifttum wiederholt hervorgehoben worden. Siehe: OLG. Dresden SeuffA. 36, Nr. 35; RG. 45, 40; 77, 226; Kommentare zu Art. 250 HGB., § 335 DHGB.; Gierke: Deutsches PrR. III, S. 834; Renaud: Das Recht der stillen Gesellschaft, S. 88; Kommentar der Reichsgerichtsräte zum DBGB., Anm. 5 zu § 718, u. a. m.

[4] Renaud a. a. O.

[5] Bloß Flechtheim (Düringer-Hachenburg, Anm. 2 zu § 335) bemerkt, daß „einzelne Vorschriften des HGB. entsprechende Anwendung finden können", wenn der Inhaber des Gewerbes nicht Kaufmann ist, der Wille der Parteien aber auf eine reine Innengesellschaft gerichtet erscheint.

[6] Er ist häufig schon dann anzunehmen, wenn die Parteien eine nicht unter die Vorschriften der Art. 250 ff. fallende Beteiligung als *stille* Gesellschaft bezeichnen; vgl. Staub[5], § 6 zu Art. 250, Staub-Pinner, Anm. 40 zu § 335.

[7] Denkschrift zum Entwurf des DHGB. S. 182; Wieland: Handelsrecht, I S. 772, N. 1 a. E.

Frage nach der Zulässigkeit der erwähnten Analogie entfällt weiters bezüglich der Bestimmungen des ersten Titels des dritten Buches des HGB., die bloß Rechtsfolgen aussprechen, die notwendig mit dem Tatbestande jeder — handelsrechtlichen oder zivilrechtlichen — stillen Gesellschaft verbunden sind, weil sie sich schon aus dem Inhalte der zu einer solchen Gesellschaft führenden Vereinbarung ergeben.[8] Solche Rechtsfolgen ordnen an: die Vorschrift, daß aus den Geschäften des Handelsgewerbes dessen Inhaber Dritten gegenüber allein berechtigt und verpflichtet wird (Art. 256), die Vorschrift, daß nach Auflösung der stillen Gesellschaft der Inhaber des Handelsgewerbes die Abwicklung der schwebenden Geschäfte besorgt und die Forderung des stillen Gesellschafters in Geld zu berichtigen hat (Art. 265),[9] die Vorschrift, daß im Falle des — die Auflösung der stillen Gesellschaft bewirkenden — Konkurses des Inhabers des Handelsgewerbes der stille Gesellschafter den seinen Verlustanteil entsprechenden Betrag der rückständigen Einlage in die Konkursmasse einzuzahlen hat, dagegen den seinen Verlustanteil übersteigenden Betrag der bezahlten Einlage als Konkursforderung geltend machen kann (Art. 258).[10] Auch nach „den allgemeinen Rechtsgrundsätzen", die nach der — einer selbständigen Bedeutung entbehrenden[11] — Vorschrift des Art. 260 die Wirkungen der kundgemachten stillen Gesellschaft bestimmen sollen, können sich aus der Kundmachung einer zivilrechtlichen stillen Gesellschaft keine anderen Rechtsfolgen ergeben als aus der einer stillen Gesellschaft über ein Handelsgewerbe.

Von den Voraussetzungen für die Zulässigkeit der oben erwähnten Analogie ist die der Rechtsähnlichkeit der Tatbestände zweifellos vorhanden. Denn es läßt sich kein Zusammenhang zwischen den Rechtsfolgen, die das HGB. an das Vorhandensein einer stillen Gesellschaft knüpft, und den Umständen auffinden, durch die das Unternehmen des Komplementärs die Eigenschaft eines Handelsgewerbes erhalten kann. Das gilt auch für das besondere Anfechtungsrecht, das gemäß Art. 259 im Falle des Konkurses des Komplementärs seinen Gläubigern gegen den stillen Gesellschafter zusteht. Dieses Recht dient nicht einem besonderen gerade den Handelsgläubigern zugedachten Schutze. Es beruht vielmehr auf der Annahme, daß in den durch Art. 259 getroffenen Fällen

---

[8] Vgl. WIELAND: Handelsrecht, S. 772 N. 1, der freilich zu weit geht, wenn er meint, daß die „der stillen Gesellschaft beigelegten Wirkungen mit Ausnahme des eigenartigen Anfechtungsrechtes (Art. 259 HGB., § 342 DHGB.) mit der Gewährung einer Vermögenseinlage an den unter eigenem Namen auftretenden Geschäftsinhaber ohneweiters gegeben sind."

[9] Vgl. LASTIG a. a. O. S. 704.

[10] Vgl. THÖL, Handelsrecht, § 110; STAUB-PINNER, Anm. 2 und 3 zu § 341.

[11] S. Denkschrift zum Entwurf des DHGB. S. 184.

eine Kollusion zwischen dem Komplementär und dem den Verhältnissen nahestehenden stillen Gesellschafter zu vermuten ist.[12] Die nahe persönliche Beziehung, die eine solche Vermutung rechtfertigt, besteht aber auch zwischen dem Inhaber eines Nichthandelsgewerbes und dem an einem solchen Unternehmen beteiligten stillen Gesellschafter. Man kann auch nicht sagen, daß der Gesetzgeber diese Rechtsähnlichkeit dadurch verneint hat, daß er in der geltenden Konkursordnung (kais. V. vom 10. Dez. 1914 R. 337) bloß die Vorschrift des Art. 259 aufrechterhalten hat (Art. III Z. 2 der EinfBest.) und sie nicht auf die zivilrechtliche stille Gesellschaft ausgedehnt hat. Der Gesetzgeber dürfte vielmehr an diese bei Erlassung der Konkursordnung gar nicht gedacht haben.

Zu untersuchen bleibt also nur, ob das bürgerliche Recht eine Lücke aufweist, die der analogen Anwendung der Vorschriften des HGB. über die stille Gesellschaft Raum gibt. Eine solche Lücke besteht jedenfalls bezüglich des in Art. 259, HGB., aber eben nur dort, vorgesehenen, das oben erwähnte Anfechtungsrecht begründenden Tatbestandes, daß innerhalb eines Jahres vor Eröffnung des Konkurses über das Vermögen des Komplementärs die stille Gesellschaft durch Vereinbarung aufgelöst wurde, dem stillen Gesellschafter die Einlage zurückgezahlt oder ihm sein Verlustanteil erlassen wurde. Dasselbe gilt von dem Tatbestande, der nach Art. 263 (in Verbindung mit dem dort bezogenen Art. 126) einen Gläubiger des stillen Gesellschafters berechtigt, die stille Gesellschaft unter Einhaltung der in Art. 126 II bestimmten Frist, also ohne Rücksicht auf die vereinbarte Dauer zu kündigen. Die Voraussetzungen dieses Kündigungsrechts bestehen darin, daß der Gläubiger des stillen Gesellschafters auf dessen Auseinandersertzungsguthaben Exekution geführt hat und daß eine Exekution auf das übrige Vermögen des stillen Gesellschafters fruchtlos war. Durch diese Voraussetzung unterscheidet sich der Tatbestand des Art. 263 (Art. 126) von dem Tatbestand des — auch auf die handelsrechtliche und zivilrechtliche stille Gesellschaft anwendbaren[13] — § 333 EO., der aber dem Gläubiger ein Kündigungsrecht nur soweit gibt, als es auch den Verpflichteten zusteht.[14]

Die meisten Gegenstände, die das HGB. für die stille Gesellschaft regelt, erscheinen allerdings auch im 27. Hauptstück des ABGB. („Von dem Vertrag über eine Gemeinschaft der Güter") für die „Erwerbsgesellschaft" geregelt. Eine solche wird gemäß § 1175 ABGB. durch einen Vertrag begründet, in dem „zwei oder mehrere Personen einwilligen, ihre Mühe allein oder auch ihre Sachen zu gemeinschaftlichem Nutzen zu vereinigen". Dieser weite Begriff der Erwerbsgesellschaft umfaßt auch

[12] Vgl. Hahn, § 1 zu Art. 259; Staub[5], Einl. zu Art. 259.
[13] Staub-Pisko[2], § 1 zu Art. 263.
[14] Vgl. Staub-Pisko[3] (Bettelheim), § 6 zu Art. 126.

die stille Gesellschaft.[15] Sie weist übrigens eine große Ähnlichkeit mit der Teilpacht auf,[16] die das ABGB. in § 1103 als Gesellschaft bezeichnet und den für diese gegebenen Regeln unterwirft. Die stille Gesellschaft ist also eine Gesellschaft, eine Erwerbsgesellschaft im Sinne des ABGB.[17] Aber sie unterscheidet sich in mehrfacher Richtung von dem Normaltypus, den die meisten die Erwerbsgesellschaft regelnden Vorschriften des 27. Hauptstückes des ABGB. — und auch die des 14. Titels („Gesellschaft") des zweiten Buches des DBGB.[18] — im Auge haben: Die Zahl der Gesellschafter ist begriffsnotwendig auf zwei Personen beschränkt.[19] Die stille Gesellschaft vermehrt bloß das Betriebskapital, das der Inhaber des Unternehmens in seiner eigenen Erwerbswirtschaft verwendet, führt aber nicht zur Entstehung einer gesonderten dritten Wirtschaft,[20] nicht zu einem Gesellschaftsvermögen im Sinne der §§ 1202, 1203 ABGB. Ebenso fehlt es bei der stillen Gesellschaft an einem Hauptstamm im Sinne des § 1182 ABGB.; denn die stille Gesellschaft erzeugt weder ein im Miteigentum der Gesellschafter stehendes Vermögen, noch ein bloß wirtschaftlich gemeinsames Vermögen, „an dessen wertmäßiger Substanz die Gesellschafter im inneren Verhältnis beteiligt sind".[21] Das Unternehmen, das den Gegenstand der stillen Gesellschaft bildet, wird nicht nur vom Komplementär bloß in dessen Namen betrieben; auch die Geschäfte des Unternehmens werden nicht auf gemeinschaftliche Rechnung, sondern bloß auf Rechnung des Inhabers des Unternehmens geschlossen.[22] Die

[15] EHRENZWEIG, § 378 III; anders BEHREND: Lehrb. des Handelsr., S. 674 N. 39.

[16] Die Ähnlichkeit besteht darin, daß ein Unternehmer (der Pächter, der Inhaber des Gewerbes) im Betriebe seines Unternehmens fremdes Kapital (das Grundstück des Verpächters, die Einlage des stillen Gesellschafters) benützt, und als Entgelt für diese Benützung nicht eine bestimmte Geldsumme, sondern einen „Anteil an den unsicheren Früchten des Unternehmens" verspricht (siehe LASTIG a. a. O. S. 326).

[17] Die viel erörterte Frage, ob die stille Gesellschaft überhaupt eine Gesellschaft bildet (siehe BEHREND, S. 663; LÜBBERT, ZHR. 58 S. 504; HOENINGER, ebda. 84 S. 464; FR. LEONHARD: Besonderes Schuldrecht des BGB., S. 276; LANG: Die Typen der stillen Gesellschaft (1930); GEILER bei DÜRINGER-HACHENBURG, II 1, Allg. Einl. Anm. 300ff.; FLECHTHEIM, ebda. II, 2, Erl. zu § 335), kann immer nur für eine bestimmte Rechtsordnung beantwortet werden. Denn der Begriff der Gesellschaft ist ein rein rechtsinhaltlicher Begriff, der in den einzelnen Rechtsordnungen verschieden bestimmt sein kann und zum Teil auch ganz verschieden bestimmt erscheint.

[18] DÜRINGER-HACHENBURG (FLECHTHEIM), Anm. 2 zum § 335 u. a. m.

[19] Siehe insbes. LÜBBERT a. a. O. S. 305. Natürlich können sich auch mehrere Personen mit einer Vermögenseinlage an *einem* Unternehmen beteiligen; dann aber sind so viele stille Gesellschaften vorhanden, als stille Gesellschafter.

[20] LASTIG a. a. O. S. 326ff.

[21] Vgl. GEILER a. a. O. Anm. 304.

[22] LASTIG a. a. O. S. 709, 737.

Forderungen aus diesen Geschäften sind daher auch im innern Verhältnis zwischen Komplementär und stillen Gesellschafter bloß Forderungen des ersten.[23] Der Betrieb des Unternehmens des Komplementärs wirkt vielmehr nur indirekt,[24] nämlich erst durch sein Ergebnis auf die Vermögenssphäre des — eben nur an diesem Ergebnis beteiligten[25] — stillen Gesellschafters.

Sicher können nicht alle Vorschriften des 27. Hauptstückes des ABGB. auch auf die stille Gesellschaft bezogen werden.[26] Bei einzelnen, z. B. bei der Vorschrift des § 1215[27] über die Teilung des gesellschaftlichen Vermögens, macht der Inhalt der Regel eine Anwendung auf die stille Gesellschaft einfach unmöglich. Aber auch dort, wo die logische Möglichkeit einer solchen Anwendung gegeben erscheint, entsteht die Frage, ob der Gesetzgeber wirklich auch die stille Gesellschaft treffen *wollte* oder ob bezüglich dieser Lücke eine besteht, die zur analogen Anwendung der Bestimmungen des HGB. berechtigt. Die Frage ist bedeutungslos, soweit die für die Erwerbsgesellschaft gegebenen Regeln des ABGB. mit denen des HGB. über die stille Gesellschaft inhaltlich übereinstimmen: Es ist z. B. selbstverständlich ganz gleichgültig, ob man nach Ablauf der vereinbarten Dauer der Gesellschaft und im Falle des Todes des Inhabers des Unternehmens die Auflösung der zivilrechtlichen stillen Gesellschaft auf § 1205 a. E., bzw. § 1206 ABGB. gründet oder auf eine Analogie aus Art. 261 Z. 1, bzw. Z. 5 HGB. Ebenso wird in dem — praktisch gewiß seltenen — Fall, daß über die Höhe der Beteiligung des stillen Gesellschafters am Gewinn und Verlust keine Vereinbarung getroffen wurde, die direkte Anwendung des § 1193 Satz 2 ABGB. (richterliche Schätzung des Wertes der Bemühung des arbeitenden Gesellschafters) zu demselben Ergebnisse führen wie die analoge Anwendung des Art. 254

[23] Daher findet Art. 368 II keine analoge Anwendung (s. oben S. 66ff), wenn ein Gläubiger des Komplementärs auf eine solche Forderung greift (LASTIG a. a. O. S. 737).

[24] LASTIG a. a. O. S. 709, 737.

[25] Vgl. GEILER a. a. O. N. 307, der die stille Gesellschaft als eine „reine Ergebnisgemeinschaft“ bezeichnet.

[26] Dasselbe gilt von den Vorschriften des deutschen BGBG. über die Gesellschaft. Mit Recht wird denn auch gelehrt, daß die Rechtssätze des bürgerlichen Gesellschaftsrechts nur in beschränktem Umfang eine *subsidiäre* Anwendung auf die stille Gesellschaft des HGB. gestatten (siehe O. GIERKE, Arch. bürg. R. 19, S. 135 und „Deutsches PrR.“, III S. 834; STAUB-PINNER, Anm. 2 zu § 335 und für das gemeine Recht BEHREND a. a. O., § 92 N. 12). Folgerichtig muß man dann aber auch zugeben, daß nicht alle gesellschaftsrechtlichen Regeln des BGB. eine *primäre* Anwendung auf die zivilrechtliche stille Gesellschaft zulassen.

[27] Dort wird auf die Vorschriften des 16. Hauptstückes über „die Teilung einer gemeinschaftlichen Sache“ verwiesen; durch die stille Gesellschaft entsteht aber keine Sach- oder Rechtsgemeinschaft.

HGB. (richterliche Festsetzung der Höhe des Gewinn- und Verlustanteiles). — Ein Teil der handelsrechtlichen Regeln über die stille Gesellschaft steht aber im Widerspruch mit einzelnen Vorschriften — und den sich mittelbar aus ihnen ergebenden Rechtssätzen —, die das ABGB. im 27. Hauptstück für die Erwerbsgesellschaft gibt. Viele dieser Vorschriften passen jedoch — wie zu zeigen sein wird — nicht auf die stille Gesellschaft. Sie tragen den bereits hervorgehobenen Eigentümlichkeiten dieser Erscheinungsform der Erwerbsgesellschaft keine Rechnung; ihre Anwendung auf die zivilrechtliche stille Gesellschaft würde zu einem sachlich unbefriedigenden daher vom Gesetzgeber kaum gewollten Ergebnis führen. Dieses Ergebnis und die Unerheblichkeit des Tatbestandselements, das die im HGB. geregelte stille Gesellschaft von der zivilrechtlichen unterscheidet, berechtigt zur Annahme einer Lücke bezüglich dieser und zu ihrer Ausfüllung durch die einen vollkommen rechtsähnlichen Tatbestand regelnden Vorschriften des HGB.:

1. Die Kontrollrechte des stillen Gesellschafters erschöpfen sich — im Regelfalle — gemäß Art. 253 I in dem Rechte auf abschriftliche Mitteilung der jährlichen Bilanz und dem Rechte auf die zur Prüfung der Richtigkeit der Bilanz notwendige Bucheinsicht. Dagegen verpflichtet § 1198 ABGB. die Gesellschafter „denen die Verwaltung anvertraut ist", zur *Rechnungslegung*. Diese Verpflichtung wird nicht — wie ja bereits aus § 1200 erhellt — schon durch Vorlage eines „Abschlusses" (einer „Bilanz") erfüllt,[28] aber auch nicht dadurch, daß der Rechnungspflichtige die Einsicht in seine Bücher zum Zwecke der Prüfung der vorgelegten Bilanz gestattet. Ungeachtet dieses Einsichtsrechtes reichen also die Kontrollrechte, die Art. 253 dem stillen Gesellschafter gibt, nicht soweit, als der dem Gesellschafter auf Grund des § 1198 ABGB. zustehende Anspruch auf Rechnungslegung.[29] Das ABGB., das den geschäftsführenden Gesellschafter zu einer Rechnungslegung in demselben Umfange verpflichtet wie den Mandatar (§ 1012),[30] geht von dem Gedanken aus, daß die geschäftsführenden Gesellschafter ein allen Gesellschaftern gemeinschaftliches Vermögen (s. in § 1198 die Worte „über den *gemeinschaftlichen* Hauptstamm") verwalten und die mit dieser Verwaltung verbundenen Geschäfte auf *gemeinschaftliche* Rechnung aller Gesellschafter als „Bevollmächtigte" (§ 1190)[31] dieser schließen. Diese Voraussetzungen treffen aber, wie bereits ausgeführt,[32] bei der stillen Gesellschaft nicht zu. Die Regel des § 1198 kann daher auf die zivilrechtliche stille Gesellschaft nicht bezogen werden. Auf diese ist vielmehr die Vorschrift des Art. 253 I HGB.

---

[28] EHRENZWEIG, § 299, I.
[29] STAUB-PISKO[3] (BETTELHEIM), § 1 zu Art. 160; AdlCl. 2559.
[30] Vgl. ZEILLER, III S. 557; SCHEY a. a. O., § 80, N. 16, 19.
[31] S. oben S. 74.
[32] S. oben S. 74, 75.

analog anzuwenden. Analog anzuwenden ist aber auch die mit der genannten Vorschrift: mit der sich aus ihr ergebenden regelmäßigen Beschränkung der Kontrollrechte, in Zusammenhange stehende Vorschrift des zweiten Absatzes, daß das Gericht aus wichtigen Gründen jederzeit die Mitteilung einer Bilanz oder andere Aufklärungen nebst Vorlage der Bücher und Papiere anordnen kann. Der Analogie steht nicht etwa der Umstand entgegen, daß ein Unternehmer, der kein Handelsgewerbe betreibt, nicht zur kaufmännischen Buchführung verpflichtet ist; die Vorschriften des Art. 253 finden ja auch Anwendung — freilich zum Teile nur eine sinngemäße Anwendung — auf eine stille Gesellschaft mit einem Minderkaufmann.[33]

2. Der stille Gesellschafter nimmt gemäß Art. 255 I an dem Verluste nur bis zum Betrage seiner Einlage teil. Diese Bestimmung enthält keinen selbstverständlichen Folgesatz der Regel des Art. 252 II, die die Beitragspflicht des stillen Gesellschafters auf den Betrag der versprochenen Einlage beschränkt. Dieselbe Regel ist ja in Art. 92 auch für die offene Handelsgesellschaft ausgesprochen. Gleichwohl muß — das ist ganz unbestritten — der Gesellschafter nach Lösung des Gesellschaftsverhältnisses für den ganzen auf ihn entfallenden Anteil am Verlust ohne Rücksicht auf den Betrag seiner Einlage aufkommen.[34] Auch in der dem Art. 92 und Art. 252 II inhaltlich entsprechenden Bestimmung des § 1189 ABGB., daß die „Mitglieder zu einem mehreren Beitrag als wozu sie sich verpflichtet haben, nicht gezwungen werden“ können, wird die Beitragspflicht der Gesellschafter nur durante societate auf den Betrag der versprochenen Einlage beschränkt. Keineswegs folgt aus dieser Bestimmung, daß ein Gesellschafter auch nach Beendigung des Gesellschaftsverhältnisses zur Deckung des Verlustes nur mit seiner eingebrachten Einlage oder bis zum Betrage der rückständigen Einlage beizutragen verpfichtet ist. Aus § 1197 ergibt sich sogar das Gegenteil: „Hat die Gesellschaft ihre Einlage ganz oder zum Teile verloren, so wird“, sagt § 1197 „der Verlust in dem Verhältnisse verteilt, wie im entgegengesetzten Falle der Gewinn verteilt worden wäre“. Für diese Verlustverteilung würde es aber im Falle gänzlichen Verlustes der „Einlage“ der Gesellschaft: in dem Falle, daß der Hauptstamm (§ 1182) zugrunde gegangen ist oder zur Deckung der Schulden nicht hinreicht,[35] an jedem Gegenstande fehlen, wenn die Teilnahme der Gesellschafter am Verlust auf dem Betrag der Einlage beschränkt wäre. In § 1197 ist also mittelbar der Rechtssatz ausgesprochen, daß nach Beendigung des Gesellschaftsverhältnisses jeder

---

[33] Staub-Pinner, Anm. 6 zu § 338; Düringer-Hachenburg (Flechtheim), Anm. 3 zu § 338; Staub-Pisko², § 2 zu Art. 253 und das dort bezogene Schrifttum.

[34] Vgl. mein Lehrb. d. HR., S. 336, 371, 373.

[35] Vgl. Zeiller, III S. 555.

Gesellschafter — der überhaupt eine Kapitalseinlage geleistet oder versprochen hat (§ 1197 a. E.) — zur Deckung des auf ihn entfallenden Verlustanteiles auch über den Betrag seiner geleisteten oder rückständigen Einlage hinaus herangezogen werden kann. Diese unbeschränkte Ausgleichungspflicht ist aber nur gerechtfertigt, wenn der Verlust im Betriebe eines allen Gesellschaftern gemeinschaftlichen Unternehmens oder aus der Gebarung mit einem allen Gesellschaftern gemeinschaftlichen Vermögen entstanden ist.[36] Eine solche Gemeinschaft[37] setzt auch § 1197 voraus, da er doch in seinem Schlußsatze den Gesellschafter, der keine Kapitalseinlage geleistet hat, dem also kein Anteil am Gesellschaftsvermögen zusteht (§ 1183),[38] von jeder Ausgleichungspflicht befreit. Aber auch die der stillen Gesellschaft eigentümliche, nämlich die in Art. 250 und 252 vorgesehene Einlagebeteiligung, führt zu keiner Gemeinschaft des Unternehmens und des Geschäftsvermögens.[39] Daher kann dem ABGB. keine Regel darüber entnommen werden, bis zu welchem Betrage der stille Gesellschafter an dem Verluste teilnimmt. Die Frage ist für die zivilrechtliche stille Gesellschaft auf Grund des analog anzuwendenden Art. 255 I zu entscheiden.

3. Obwohl das ABGB. in den §§ 1205 bis 1214 besondere Vorschriften über „Auflösung der Gesellschaft und Austritt aus derselben“ gibt, gestatten die diesen Gegenstand in manchen Richtungen anders regelnden Art. 261 bis 264 HGB. (auch abgesehen von der bereits besprochenen Vorschrift des Art. 263) eine analoge Anwendung auf die zivilrechtliche stille Gesellschaft:

a) Eine Gesellschaft, die nicht auf bestimmte Zeit eingegangen ist, wird gemäß § 1212 durch Kündigung eines Gesellschafters — sofern diesem nicht Arglist zur Last fällt oder die Kündigung nicht zur Unzeit erklärt wurde — sofort aufgelöst. Dieses Recht der fristlosen Kündigung beruht offenbar auf demselben Gedanken wie das in § 830 (der auch in § 1212 bezogen wird) dem Teilnehmer einer Gemeinschaft gewährte Recht, jederzeit die Aufhebung der Gemeinschaft zu verlangen: „Man kann,“

[36] Von dieser Meinung scheint auch ZEILLER (a. a. O.) auszugehen. Sonst wird im Schrifttum die im Texte erwähnte Frage überhaupt nicht berührt.

[37] Natürlich kann auch die Verlustbeteiligung der Teilnehmer an einer Unternehmensgemeinschaft durch ein Gesetz auf den Betrag der die Gemeinschaft begründenden Einlage beschränkt werden. Eine solche Beschränkung wird in Art. 161 II zugunsten des Kommanditisten angeordnet, obwohl dieser im Gegensatze zum stillen Gesellschafter Mitinhaber des gesellschaftlichen Unternehmens ist. Die Regel des Art. 161 II steht daher nicht in demselben inneren Zusammenhang mit der Natur der Kommanditgesellschaft (s. dagegen HAHN, § 5 zu Art. 161) wie die inhaltlich entsprechende Regel des Art. 255 II mit dem Wesen der stillen Gesellschaft.

[38] Vgl. hiezu ZEILLER a. a. O. S. 555, 556.

[39] S. oben N. 20, 21.

sagt ZEILLER,[40] „dem Eigentümer nicht zumuten, daß er sein Eigentum wider seinen Willen in einer Verbindung mit fremden Eigentum lassen soll". Zwischen den Teilnehmern einer stillen Gesellschaft besteht aber keine Vermögensgemeinschaft. Daher fehlt das Bedürfnis nach einem — auch bei keinem anderen Dauerschuldverhältnis gewährten — Recht auf *fristlose* Kündigung. In einem solchen Rechte des stillen Gesellschafters läge auf der anderen Seite eine große Härte gegen den Inhaber des Unternehmens. Dieser wäre ja verpflichtet, dem stillen Gesellschafter sofort sein Guthaben auszuzahlen, also genötigt, den entsprechenden Betrag unverzüglich flüssig zu machen.[41] § 1212 ABGB. enthält also keine für die zivilrechtliche stille Gesellschaft geeignete Regel. Der Gesetzgeber dürfte auch bei der genannten Vorschrift nicht an die besondere Erscheinungsform der Gesellschaft gedacht haben, die die stille Gesellschaft darstellt. Auf die zivilrechtliche stille Gesellschaft ist daher analog die Vorschrift des Art. 261 III anzuwenden, daß die Aufkündigung spätestens sechs Monate vor Ablauf des Geschäftsjahres erklärt werden muß.

b) § 1207 ABGB. bestimmt, daß eine nur aus zwei Personen bestehende Gesellschaft durch den Tod eines Gesellschafters erlischt, also nicht mit den Erben des Verstorbenen weiterbesteht. Diese Erlöschung ist eine Folge der in § 1206 ausgesprochenen Unvererblichkeit der gesellschaftlichen Rechte und Verbindlichkeiten,[42] die der Gesetzgeber als „höchstpersönliche"[43] betrachtet. Dieser Charakter eignet aber nicht den Rechten und Pflichten, die aus der stillen Gesellschaft entspringen; denn bei dieser tritt das sozialrechtliche Element stark hinter dem rein schuldrechtlichen zurück. Die Beendigung der stillen Gesellschaft durch den Tod des *Inhabers des Unternehmens* läßt sich allerdings rechtspolitisch rechtfertigen. Denn für den Entschluß des stillen Gesellschafters, sein Kapital in einem fremden Unternehmen anzulegen und von dessen Schicksal abhängig zu machen, ist gewiß nicht nur die Beschaffenheit des Unternehmens, sondern auch die Person seines Inhabers bestimmend. Ganz unbegründet wäre es dagegen, an den Tod des *stillen* Gesellschafters, dessen Persönlichkeit doch ganz gleichgültig ist, die Beendigung der stillen Gesellschaft zu knüpfen. Es ist daher nicht anzunehmen, daß § 1207 ABGB. auch den Fall treffen will, daß der verstorbene Gesellschafter auf die in Art. 250, 252 vorgesehene Art am Unternehmen des anderen beteiligt war. Es dürfte vielmehr dem Willen des Gesetzgebers entsprechen, auch auf die zivilrechtliche stille Gesellschaft die Regel des Art. 264 HGB. anzuwenden, nach der der Tod des stillen Gesellschafters die Gesellschaft nicht berührt.

---

[40] Kommentar, II S. 883.
[41] Vgl. LASTIG a. a. O. S. 742.
[42] So auch ZEILLER, III S. 568.
[43] ZEILLER, III S. 566.

c) § 1210 ABGB. bestimmt, daß ein Gesellschafter aus bestimmten in seiner Person liegenden Gründen (Konkurs, Entmündigung, schwere Vertragsverletzung, Begehung eines Verbrechens) ausgeschlossen werden kann. Von einer Ausschließung kann nur gesprochen werden, wenn die Gesellschaft entweder aus mehr als zwei Personen besteht, oder wenn zwischen den Gesellschaftern einer Zweimanngesellschaft eine Vermögensgemeinschaft besteht.[44] Der Unterschied der Ausschließung gegenüber der Auflösung liegt im ersten Falle darin, daß die Gesellschaft zwischen den anderen Gesellschaftern noch fortbesteht, im zweiten Falle darin, daß das Gesellschaftsvermögen nicht geteilt wird, sondern von dem anderen Gesellschafter gegen Geldabfindung des Ausgeschlossenen übernommen wird.[45] § 1210 beruht auf dem Gedanken, daß man den Gesellschaftern die Fortsetzung einer Gesellschaft mit einem Mitgliede nicht zumuten kann, in dessen Person die oben angeführten Umstände eintreten.[46] Das gilt natürlich auch für eine Zweimanngesellschaft, die keine Vermögensgemeinschaft begründet, bei der daher eine *Ausschließung* begrifflich unmöglich ist.[47] Auf eine solche Gesellschaft findet § 1210 *sinngemäße* Anwendung. Sie ergibt den Rechtssatz, daß die in § 1210 angeführten, in der Person eines Gesellschafters eintretenden Umstände den andern berechtigen, die *Auflösung* zu *verlangen*, damit aber auch den Rechtssatz, daß diese Umstände nicht *ipso iure* die Auflösung der Gesellschaft bewirken. Diese Rechtssätze führen in ihrer Anwendung auf die stille Gesellschaft, die ja auch eine Zweimanngesellschaft ohne Vermögensgemeinschaft bildet, zwar zu einem den Vorschriften des HGB. über die stille Gesellschaft zum Teil widersprechenden, aber nicht zu einem schlechthin unannehmbaren Ergebnis. Man kann daher nicht behaupten, daß das ABGB. mit den beiden angeführten mittelbar in § 1210 ausgesprochenen Rechtssätzen die stille Gesellschaft nicht treffen wollte. Keine analoge Anwendung auf die zivilrechtliche stille Gesellschaft findet daher die Vorschrift, daß der Verlust der Geschäftsfähigkeit des stillen Gesellschafters die Gesellschaft überhaupt nicht berührt (Art. 264), die Vorschrift, daß die Geschäftsunfähigkeit des Komplementärs und der Konkurs über das Vermögen des Komplementärs oder des stillen Gesellschafters *ipso iure* die Auflösung der stillen Gesellschaft herbeiführt (Art. 261, Z. 2 und 3). Die Analogie scheitert ungeachtet der Rechtsähnlichkeit der Tatbestände an dem Mangel einer Lücke des bürgerlichen Rechts. — Keine Gelegenheit zu einer analogen Anwendung auf die zivil-

---

[44] Vgl. Ehrenzweig, § 380 I 4; Bettelheim bei Klang III S. 499.

[45] Vgl. GlUNF. 4137 und mein „Unternehmen als Gegenstand des Rechtsverkehrs“, S. 228ff.

[46] Vgl. Zeiller, III S. 571.

[47] Über eine vorzeitige *Auflösung* der Gesellschaft auf den Gründen des § 1210 vgl. Bettelheim a. a. O. S. 501.

rechtliche stille Gesellschaft bietet die Regel des Art. 262 über Auflösung aus wichtigen Gründen durch richterliches Erkenntnis. Denn bereits eine Analogie aus den §§ 1210 und 1211 führt zu dem Rechtssatze, daß jede Erwerbsgesellschaft auch vor Ablauf der etwa bestimmten Zeit und ohne Einhaltung einer Kündigungsfrist aus wichtigen Gründen jederzeit gekündigt werden kann.[48]

§ 14.

IV. Offene Handelsgesellschaft und Kommanditgesellschaft.

Die Vorschriften über die offene Handelsgesellschaft und Kommanditgesellschaft setzen Vereinigungen voraus, die auf den gemeinschaftlichen Betrieb eines *Vollhandelsgewerbes* (Art. 10 II) gerichtet sind. Einen unmittelbaren[1] Zusammenhang mit der Voraussetzung, daß das gesellschaftliche Unternehmen *„über den Umfang des Kleingewerbes“* (s. Art. 10 I) hinausgeht, lassen jedoch nur die Vorschriften über die strenge Haftung der persönlich haftenden Gesellschafter und ihre unbeschränkte Vertretungsmacht erkennen. Diese an den Tatbestand der offenen HG. und KG. geknüpften Rechtsfolgen bergen gewisse Gefahren, denen die regelmäßig geschäftlich weniger erfahrenen und kapitalsschwächeren Teilnehmer einer Vereinigung zum Betriebe eines Minderhandelsgewerbes nicht ausgesetzt sein sollen. Das dürfte auch der Grund gewesen sein, aus dem der Gesetzgeber einer solchen Vereinigung die Rechtsform einer offenen HG. und KG. überhaupt unzugänglich gemacht hat. Die Vorschriften des HGB. über die offene HG. und KG. ordnen auch Rechtsfolgen an, für die die Umstände ganz unerheblich sind, durch die das gesellschaftliche Unternehmen die Eigenschaft eines *Handels*gewerbes erlangt.[2] Zahlreiche Vorschriften über die offene HG. und KG. enthalten also Regeln, die, wenn überhaupt, auch für andere Erwerbsgesellschaften geeignet erscheinen, insbesondere für solche, die auf den gemeinsamen Betrieb eines Unternehmens gerichtet sind.[3] Die meisten im

---

[48] STUBENRAUCH[8], II S. 511 N. 1; BETTELHEIM bei KLANG a. a. O. S. 501.

[1] S. jedoch unten S. 84.

[2] Die Aufnahme dieser Vorschriften in das HGB. ist teils auf die Absicht zurückzuführen, eine geschlossene und möglichst vollständige Regelung des Gegenstandes zu bieten (vgl. oben S. 48), teils auf die Absicht, Verschiedenheiten der Landesrechte für den Handelsverkehr auszugleichen (vgl. GOLDSCHMIDT, I S. 374 N. 13).

[3] Eine Reihe von Rechtssätzen des ersten Titels (offene Handelsgesellschaft) des zweiten Buches des HGB. ist auch in das Gesellschaftsrecht des deutschen BGB. aufgenommen worden (vgl. hierüber insbesondere RIESSER a. a. O. S. 20; O. GIERKE: Deutsches PrR., III S. 833). Ebenso gelten nach Schweizer Recht einige der im genannten Titel des HGB. ausgesprochenen Regeln nicht nur für die der offenen Handelsgesellschaft entsprechende „Kollektivgesellschaft“ (Art. 552 bis 589 SchwOR.), sondern auch für „Die

HGB. für die offene HG. und KG. geregelten Gegenstände sind aber — zum Teil übereinstimmend mit dem HGB., zum Teil abweichend von diesem — auch im 27. Hauptstück des ABGB. für die "Erwerbsgesellschaft" geregelt. Die Vorschriften über diese sollten sicher auch die Unternehmensgemeinschaft treffen, waren sogar oft unverkennbar gerade auf diese Art der Erwerbsgesellschaft zugeschnitten.[4] Eine analoge Anwendung der Vorschriften des HGB. über die offene HG. und KG. auf andere Erwerbsgesellschaften ist daher größtenteils ganz ohne Rücksicht auf die gegebene oder zu verneinende Rechtsähnlichkeit der Tatbestände schon deshalb unmöglich, weil der Inhalt des bürgerlichen Rechts die Annahme einer dieser Analogie raumgebenden Lücke ausschließt. Unter den Vorschriften über die offene HG. und KG. finden sich aber auch solche, deren analoge Ausdehnung auf Gesellschaften des bürgerlichen Rechts nicht schon aus dem angeführten Grunde von der Hand gewiesen werden kann. Es sind dies: 1. die Art. 119 bis 122 (169), die das Gesellschaftsvermögen den Regeln des *Gesamthandeigentums* unterwerfen; 2. die Art. 133 bis 145 (172), die die *Liquidation* der aufgelösten Gesellschaft regeln und 3. die Art. 146 bis 149 (172) über die *Verjährung* der Klagen gegen die Gesellschafter aus Ansprüchen gegen die Gesellschaft.

1. Das Gesellschaftsvermögen bildet gemäß Art. 119 bis 122 HGB. ein für die Zwecke der Gesellschaft dinglich gebundenes, nur dem Zugriffe der Gesellschaftsgläubiger zugängliches Sondervermögen der Gesellschafter: Der einzelne Gesellschafter kann über die zu diesem Vermögen gehörigen Sachen und Rechte oder Anteile an diesen nicht verfügen; die Privatgläubiger eines Gesellschafters können zu ihrer Befriedigung nicht auf Gegenstände des Gesellschaftsvermögens oder auf ideelle Teile solcher Gegenstände greifen. Dieselben Rechtssätze werden von manchen Schriftstellern[5] auch für die Gesellschaft des bürgerlichen Rechts aus einzelnen Bestimmungen des ABGB., insbesondere aus § 1202, und aus der Entstehungsgeschichte dieses Gesetzes abgeleitet. Die herrschende Ansicht geht jedoch dahin, daß der Grundsatz der Gesamthand im Gesellschaftsrechte des ABGB. keinen gesetzlichen

einfache Gesellschaft" (Art. 530 bis 551 SchwOR.). Noch weiter und wohl zu weit sind diejenigen Einführungsgesetze zum HGB. (Bremen, Oldenburg) gegangen, die die gesamten Vorschriften des HGB. über Handelsgesellschaften auf alle Erwerbsgesellschaften ausgedehnt hatten.

[4] Vgl. hiezu mein „Unternehmen als Gegenstand des Rechtsverkehrs", S. 197.

[5] WELLSPACHER, Festschr. zur Jahrhundertfeier des ABGB., I S. 190. SCHUSTER-BONNOT, ebenda II S. 958 und „Grundriß"[2], S. 146, 149; K. WOLFF, Grundriß, S. 153; BETTELHEIM bei KLANG, III 466 und auch ein Teil des älteren Schrifttums (s. über dieses mein „Unternehmen als Gegenstand des Rechtsverkehrs", S. 219 N. 2).

Ausdruck gefunden hat,[6] daß also das ABGB. eine Verfügung des einzelnen Gesellschafters über seinen Anteil an den Bestandteilen des Gesellschaftsvermögens[7] und einen Zugriff seiner Gläubiger auf diesen Anteil nicht ausschließt.[8] Aber gerade vom Standpunkt dieser Ansicht aus erhebt sich die Frage, ob sich nicht im Wege der Analogie aus dem HGB. die Anwendung der dort, aber nicht im ABGB. ausgesprochenen Rechtssätze der Gesamthand auf die Gesellschaft des bürgerlichen Rechts begründen läßt:[9] Im 27. Hauptstück des ABGB. werden zwar für das gesellschaftliche Miteigentum keine Ausnahmen von den allgemeinen Regeln des 16. Hauptstückes über die „Gemeinschaft des Eigentums und anderer dinglicher Rechte" in der Richtung der Gesamthand angeordnet; diese wird aber anderseits auch nicht verneint. Die Annahme einer Gesetzeslücke wäre daher nicht ausgeschlossen. Zur Erkenntnis einer solchen könnten bei Rechtsähnlichkeit der Tatbestände die Vorschriften der Art. 119 bis 122 HGB. führen. Aber eben diese Rechtsähnlichkeit ist zu verneinen.[10] Allerdings treffen die verschiedenen rechtspolitischen Motive,[11] die im Schrifttum und in gesetzgeberischen Vorarbeiten für das Gesamthandeigentum am Gesellschaftsvermögen angegeben werden, meistens auch für solche Gesellschaften zu, die die Form einer Erwerbsgesellschaft des ABGB. aufweisen. Das gilt vielleicht auch von der für die Verfasser des HGB. bei Aufnahme der Art. 119 bis 122 anscheinend Ausschlag gebenden — freilich unschlüssigen[12] — Erwägung, daß das Gesellschaftsvermögen die Kreditbasis der Gesellschaft bildet, daher seinem Zweck, der Befriedigung der Gesellschaftsgläubiger zu dienen, nicht entfremdet werden dürfe.[13] Gleichwohl lassen sich manche Gründe denken, die eine verschiedene rechtliche Behandlung der offenen HG. (KG.) und der Gesellschaft des bürgerlichen Rechts in der angeführten Richtung rechtfertigen können: Das Vorhandensein

---

[6] So auch EHRENZWEIG, § 193, § 378 IV 1.

[7] Einer Veräußerung des *Gesellschafts*anteiles selbst und einer Exekution auf diesen steht § 1186 entgegen; s. meine oben N. 5 bezogene Schrift S. 243, BETTELHEIM a. a. O. S. 467.

[8] AdlCl. 2066. Der Privatgläubiger eines einzelnen Gesellschafters kann aber aus den von mir in meiner oben bezogenen Schrift (S. 218) näher ausgeführten Gründen keine abgesonderte Exekution auf die Anteile seines Schuldners an den Sachen des Gesellschaftsvermögens führen, die ein *Zubehör* des gesellschaftlichen Unternehmens bilden (zustimmend BETTELHEIM a. a. O., anscheinend auch EHRENZWEIG, § 378 IV 1).

[9] Diese Frage wird auch von EHRENZWEIG a. a. O. aufgeworfen, sonst aber im Schrifttum ganz übersehen.

[10] So auch EHRENZWEIG a. a. O.

[11] S. hierüber mein „Unternehmen" S. 221, 222.

[12] Vgl. LABAND, ZHR. 31, S. 58; K. ADLER: Zur Entwicklungslehre und Dogmatik des Gesellschaftsrechts, S. 93 und passim.

[13] Prot. 1133ff.

einer offenen HG. oder KG. ist infolge der vorgeschriebenen — wenngleich nicht immer die Existenz der Gesellschaft bedingenden — Registereintragung in der Regel jedem Dritten erkennbar. Die Grenze zwischen einer bloßen Sach- oder Rechtsgemeinschaft im Sinne des 16. Hauptstückes des ABGB. und einer Erwerbsgesellschaft ist jedoch häufig — wie ich an anderer Stelle[14] näher ausgeführt habe — eine unsichere und fließende. Dem Dritten wäre es daher in vielen Fällen unmöglich zu erkennen, ob bloßes *Miteigentum* vorhanden ist, oder *gebundenes, gesellschaftliches* Miteigentum. Aber auch wenn der Tatbestand einer Erwerbsgesellschaft außer Zweifel steht, ist es nicht immer leicht festzustellen, ob ein bestimmter Gegenstand zum Privatvermögen eines Gesellschafters oder zum Gesellschaftsvermögen gehört. Bei der offenen HG. und KG. bietet dagegen diese Feststellung in der Regel keine Schwierigkeit. Die Gesellschaft tritt ja im Verkehr, also auch bei Erwerbsgeschäften unter ihrer Firma auf. Sie wird auch unter dieser Firma im Grundbuche eingetragen, so daß sich die Zugehörigkeit oder Nichtzugehörigkeit von Tabularobjekten zum Gesellschaftsvermögen bereits aus dem Inhalte des Grundbuches ergibt.[15] Auch wird durch die kaufmännische Buchführung, zu der die offene HG. und KG. als Inhaber eines Vollhandelsgewerbes verpflichtet ist, das Geschäftsvermögen scharf und deutlich vom Privatvermögen der Gesellschafter abgegrenzt. Die Rücksicht auf die Rechts- und Verkehrssicherheit läßt also gegen eine Ausdehnung des Gesamthandprinzips auf Gesellschaften des bürgerlichen Rechts Bedenken entstehen, die bei der offenen HG. und KG. nicht oder doch nur in viel geringerem Maße begründet erscheinen.[16] Natürlich kann sich eine Rechtsordnung in Hinblick auf die günstigen wirtschaftlichen Wirkungen der Gesamthand über die aufgezeigten Bedenken hinwegsetzen.[17] Aber sicher widerspricht eine Beschränkung der aus der Gesamthand fließenden Regeln auf die offenen HG. und KG. nicht dem Gebote gesetzgeberischer Konsequenz. Es ist daher weder sicher noch wahrscheinlich, daß es dem Willen des Gesetzgebers entspricht, wenn man die im HGB. bloß für die offene HG. und KG. ausgesprochenen Rechtssätze der Gesamthand auch auf die Gesellschaft des bürgerlichen Rechts anwendet.

---

[14] „Das Unternehmen als Gegenstand des Rechtsverkehrs", S. 197ff.

[15] Vgl. Ehrenzweig a. a. O.

[16] Dagegen Bettelheim a. a. O. S. 467.

[17] So hat § 719 DBGB. das handelsrechtliche Prinzip der Gesamthand auch für die Gesellschaft des bürgerlichen Rechts ausgesprochen, obwohl hiegegen bei der Beratung (Protokolle der zweiten Lesung, II S. 432) — mit Recht — eingewendet wurde, daß die „Gesamthand eigentlich eine Ergänzung durch eine öffentliche Organisation oder eine Eintragung in ein öffentliches Register erfordere" (vgl. hiezu mein „Unternehmen", S. 220 N. 4 und Ehrenzweig, § 378 N. 41).

2. Nach Auflösung einer Erwerbsgesellschaft des ABGB. ist das Gesellschaftsvermögen zu teilen, und zwar unter Beobachtung der im 16. Hauptstück für die Teilung einer gemeinschaftlichen Sache gegebenen Vorschriften (§ 1215). Das ist die einzige Bestimmung des ABGB. über die Folge der Auflösung der Gesellschaft. Ein besonderes Liquidationsverfahren ist nicht vorgesehen. Es fehlt insbesondere an jeder Vorschrift über die Ordnung der *Gesellschaftsschulden.*[18] Dagegen ergibt sich aus Art. 137, 141 (172) HGB., daß das realisierte Vermögen einer aufgelösten offenen HG. und KG. zunächst zur Deckung der Gesellschaftsschulden verwendet werden muß und daß erst der Restbetrag unter die Gesellschafter zu verteilen ist. Diese Vorschriften wollen nicht die Interessen der Gesellschaftgläubiger schützen — das ergibt sich schon aus ihrem nachgiebigen Charakter (Art. 133) —, sondern die der Gesellschafter: Der einzelne Gesellschafter soll vor der Gefahr bewahrt werden, daß er auf Grund seiner Solidarhaft (Art. 112) einem Gesellschaftsgläubiger für den ganzen Betrag einer Gesellschaftsschuld aufkommen muß, aber den Betrag, der den nach dem inneren Verhältnisse auf ihn entfallenden Teil der bezahlten Schuld übersteigt, im Regreßwege nicht hereinbringen kann. Einer solchen Gefahr ist der Gesellschalter einer Gesellschaft des bürgerlichen Rechts nicht ausgesetzt. Er haftet ja auch den Gesellschaftsgläubigern gegenüber in der Regel (§ 1203) nur nach Verhältnis seines Anteiles, nämlich seines Anteiles am Hauptstamm.[19] Die Bezahlung einer Gesellschaftsschuld kann also — wenigstens in der Regel — gar keine Rückgriffsforderung begründen. Natürlich könnte der einzelne Gesellschafter auf Grund seiner persönlichen anteiligen Haftung entweder gar nicht oder nur mit einem geringeren Betrage in Anspruch genommen werden, wenn die Gesellschaftsschulden bereits aus dem Gesellschaftsvermögen berichtigt worden wären; der Gesellschafter würde aber dafür in diesem Falle auch nur einen entsprechend geringeren Betrag oder überhaupt nichts aus der Liquidationsmasse erhalten haben.

Die Regel des HGB., daß von dem Vermögen der aufgelösten offenen HG. und KG. nur der nach Deckung der Gesellschaftsschulden erübrigende Rest unter die Gesellschafter zu verteilen ist, steht — wie gezeigt — in einem inneren Zusammenhang mit dem Rechtssatze, daß die Teilnehmer einer solchen Gesellschaft mit ihrem Privatvermögen für die Gesellschaftsschulden *solidarisch* haften.[20] Dieser Zusammenhang macht eine analoge Anwendung der erwähnten Regel auf Gesellschaften unzulässig, deren Mitgliedern nur eine Haftung nach Anteilen

---

[18] S. hierüber KLÄRMANN: „Liquidation und Dissolution“, GZ. 1924 S. 77.

[19] BETTELHEIM a. a. O. S. 488.

[20] Nach SchwOR. (Art. 549) ist auch bei der „Einfachen Gesellschaft“ erst der nach Deckung der Schulden verbleibende Überschuß unter die Gesellschafter zu verteilen. Derselbe Rechtssatz war auch den §§ 304, 305

obliegt. Es fehlt angesichts der Verschiedenheit der Haftung an der Rechtsähnlichkeit der Tatbestände. Allerdings kann es unter Umständen auch im Interesse der bloß anteilig haftenden Gesellschafter liegen, daß das Vermögen der aufgelösten Gesellschaft zunächst zur Berichtigung der Gesellschaftsschulden verwendet wird.[21] Ein Rechtssatz, der eine solche Verwendung anordnet, läßt sich daher vielleicht auch für Gesellschaften mit bloß anteiliger Haftung der Mitglieder rechtspolitisch rechtfertigen;[22] er läßt sich aber sicher für solche Gesellschaften nicht im Wege der Analogie aus einer Vorschrift gewinnen, die das Gesetz für Gesellschaften gibt, deren Mitglieder solidarisch haften. — Im österreichischen Schrifttum wird zuweilen für die Erwerbsgesellschaft ein Rechtssatz des oben erwähnten Inhaltes aus § 1235 ABGB. abgeleitet.[23] Dort wird bestimmt, daß „vor der Teilung", die auf Grund einer für den Todesfall vereinbarten Gütergemeinschaft unter Ehegatten vorzunehmen ist, die „Schulden abzuziehen" sind. Auch die analoge Anwendung dieser Vorschrift auf die Teilung des Vermögens einer aufgelösten Erwerbsgesellschaft ist bedenklich: Die Gütergemeinschaft auf den Todesfall soll dem überlebenden Ehegatten ein Recht auf „die Hälfte des vorhandenen *reinen* Vermögens"[24] geben. Auf dieses rechnungsmäßig ermittelte Reinvermögen,[25] auf den „Salde"[26] bezieht sich die in § 1235 vorgesehene Teilung. Die Notwendigkeit des in § 1235 besonders angeordneten Abzuges der Schulden ergibt sich also schon aus dem oben angeführten Zweck der Gütergemeinschaft auf den Todesfall und aus dem Gegenstand der Teilung. § 1215 versteht dagegen unter der Teilung des Gesellschaftsvermögens eine Teilung der einzelnen realen Bestandteile dieses Vermögens. Auch kann man gewiß nicht sagen, daß die Erwerbsgesellschaft zum Zwecke der Begründung eines Anspruches der einzelnen Gesellschafter auf einen Teil des Reinvermögens der aufgelösten Gesellschaft eingegangen wird.

3. Die persönliche Haftung — nämlich die Haftung mit dem Privatvermögen — der Gesellschafter einer aufgelösten HG. und KG. sowie

---

(I, Tit. 17) des ALR. zu entnehmen. Aber ebenso wie nach diesem (I, Tit. 17, § 239) ist auch nach Art. 544 SchwOR. die persönliche Haftung der Gesellschafter für die Gesellschaftsschulden eine solidarische. Über das DBGB. s. unten N. 22.

[21] S. Mot. zum DBGB, II S. 625, 626.

[22] § 733 DBGB enthält tatsächlich eine den Art. 137, 141 HGB. angelehnte Regel, obwohl das DBGB. den Gesellschaftern keine solidarische Haftung auferlegt. Für *Vertrags*schulden — die ja praktisch den Hauptfall der Gesellschaftsschulden bilden — haften freilich die Gesellschafter schon auf Grund des § 427 als Gesamtschuldner.

[23] Ehrenzweig, § 380; Bettelheim a. a. O. S. 505.

[24] Ofner, II S. 141.

[25] Zeiller, III S. 608, 610.

[26] Lenhoff bei Klang, III S. 687.

die Haftung der Gesellschafter, die aus einer solchen fortbestehenden Gesellschaft ausgeschieden sind, ist in den Artt. 146ff. durch eine fünfjährige Verjährung zeitlich begrenzt. Das ABGB. enthält keine entsprechenden Vorschriften. Ihr Mangel bildet selbstverständlich keine logische Lücke. Die angeführten Bestimmungen des HGB. über „die Verjährung der Klagen gegen die Gesellschafter" sind aber auch nicht geeignet, eine rechtspolitische Lücke aufzudecken; sie berechtigen nicht zu dem Schlusse, daß die Anwendung der allgemeinen Verjährungsvorschriften auf Verbindlichkeiten, die den ehemaligen Gesellschaftern einer Erwerbsgesellschaft auf Grund ihrer Zugehörigkeit zu dieser erwachsen sind, dem Willen des Gesetzgebers nicht entspricht. Es fehlt auch hier an der Rechtsähnlichkeit der Tatbestände: Die Begünstigung, die das HGB. den Gesellschaftern einer offenen HG. und KG. gewährt, steht in einem engen — in den Gesetzesmaterialien betonten und näher ausgeführten[27] — Zusammenhang mit ihrer *Solidarhaft* für die Gesellschaftsschulden. Die Gesellschafter einer Gesellschaft des bürgerlichen Rechts haften aber — wie bereits erwähnt — mit ihrem Privatvermögen nur anteilig. Weiters führt die kurze Verjährung der persönlichen Haftung der Gesellschafter einer offenen HG. und KG. deshalb zu keiner allzu empfindlichen Härte gegen die Gesellschaftsgläubiger, weil ja das Gesellschaftsvermögen: das Vermögen der fortbestehenden Gesellschaft oder das noch ungeteilte Vermögen der aufgelösten Gesellschaft (Art. 147), ausschließlich der Befriedigung der Gesellschaftsgläubiger dient. Das Vermögen einer Gesellschaft des bürgerlichen Rechts bildet dagegen — wie oben ausgeführt — kein den Gesellschaftsgläubigern allein vorbehaltenes Befriedigungsobjekt. Die im HGB. angeordnete Verjährung beginnt gemäß Art. 146 nicht schon mit dem Zeitpunkte der Auflösung der Gesellschaft oder des Ausscheidens eines Gesellschafters, sondern erst mit der Eintragung einer dieser Tatsachen ins Handelsregister. Diese Vorschrift will eine leichte und zweifelsfreie Feststellung des Verjährungsbeginnes ermöglichen und diesen an ein den Gläubigern erkennbares Ereignis binden.[28] Das ließe sich aber bei der Gesellschaft des bürgerlichen Rechts nicht erreichen.

§ 15.

V. Aktiengesellschaft.

Die Vorschriften des dritten Titels („Von der Aktiengesellschaft") des zweiten Buches des HGB. beziehen sich auf Vereinigungen, die eine bestimmte *Form* aufweisen und einen bestimmten *Zweck* verfolgen. Die vorausgesetzte Form ergibt sich aus den im 1. und 2. Absatz des

---

[27] Mot. zum PrEntw. S. 74; Prot. 263. Vgl. hiezu HAHN, Vorbem. vor Artt. 146ff.

[28] Vgl. Prot. 267.

Art. 207 — nicht erschöpfend — angeführten Begriffmerkmalen der Aktiengesellschaft. Die Merkmale des ersten Absatzes (Einlagebeteiligung, keine persönliche Haftung der Mitglieder) weisen auf die Form der Körperschaft, sind aber auch anderen Körperschaften eigen. Das der Vereinigungsform der Aktiengesellschaft spezifische, sie von anderen Körperschaften unterscheidende Merkmal drückt der 2. Absatz des Art. 207 mit den Worten aus, daß das „Gesellschaftskapital in Aktien oder auch in Aktienanteile zerlegt" wird.[1] Der Zweck muß, wie aus dem Worte „Handelsgesellschaft" im 1. Absatz des Art. 207 erhellt, auf den Betrieb eines Handelsgewerbes gerichtet[2] sein und zwar eines Vollhandelsgewerbes; denn auf Vereinigungen zum Betriebe eines Gewerbes, das „über den Umfang eines Kleingewerbes nicht hinausgeht" (Art. 10 I neuer Fassung), kann gemäß Art. 10 II neuer Fassung weder eine offene HG. und KG. noch „eine Aktiengesellschaft begründet werden".[3] Die Grenzen des Gebietes, auf dem die aktienrechtlichen Vorschriften des HGB. (die Art. 207 bis 249) direkte Anwendung finden, werden also einerseits durch die Form der Vereinigung bestimmt, anderseits durch ihren Zweck. Jedoch sind die genannten Vorschriften nach zwei Richtungen hin einer analogen Ausdehnung über die oben aufgezeigten Grenzen fähig:

1. Das HGB. mußte, wenn es die Grenzen seiner Zuständigkeit wahren wollte, seine aktienrechtlichen Vorschriften auf Vereinigungen zum Betriebe eines *Handels*gewerbes beschränken. Nicht ersichtlich sind allerdings die Gründe für die — praktisch freilich ganz bedeutungslose — Beschränkung auf Vereinigungen zum Betriebe eines *Voll*handelsgewerbes.[4] Eine Erheblichkeit für die in den Art. 207 bis 249 angeordneten Rechtsfolgen kann — von einer noch zu besprechenden Ausnahme abgesehen —

[1] Vgl. LEHMANN: Das Recht der Aktiengesellschaften, I S. 136.

[2] Art. 5 spricht zwar von Aktiengesellschaften, „bei welchen der Gegenstand des Unternehmens in Handelsgeschäften besteht". Die wiedergegebenen Gesetzesworte bedeuten jedoch angesichts der Neufassung des Art. 4 durch die Handelsgesetznovelle so viel als: „deren Unternehmen den Betrieb eines Handelsgewerbes zum Gegenstande hat" (siehe STAUB-PISKO³, § 2 zu Art. 5 und BONDI-LENHOFF ebda I, 2 S. 744).

[3] Das ist keine Änderung gegenüber dem Rechte vor der Handelsgesetznovelle. Denn durch die Vorschrift des aufgehobenen § 7, II EG. zum HGB. und des durch ihn ersetzten Art. 10, II alter F., daß Vereinigung zum Betriebe eines Minderhandelsgewerbes nicht als Handelsgeschaften gelten, war solchen Vereinigungen auch die Rechtsform der Aktiengesellschaft verschlossen. Bei der Neufassung des Art. 10 mußte der allgemeine Ausdruck „Handelsgesellschaften" vermieden werden, da ja § 61 III GmbHG. jeder Gesellschaft m. b. H. ohne Rücksicht auf Gegenstand und Umfang des Unternehmens die Eigenschaft einer Handelsgesellschaft beilegt.

[4] Die Gründe, aus denen das HGB. Vereinigungen zum Betriebe eines Minderhandelsgewerbes die Rechtsform der offenen Handelsgesellschaft und Kommanditgesellschaft verschließt (s. oben S. 81), treffen für die Aktiengesellschaft nicht zu (STAUB-PISKO³, § 23 zu Art. 10).

weder dem Umstande zuerkannt werden, daß das Unternehmen der A. G. über den Umfang eines Kleingewerbes hinausgeht, noch dem Umstande, daß es den Betrieb eines Handelsgewerbes zum Gegenstande hat. Der Rechtsgrund der meisten Vorschriften der Art. 207 bis 249 ist vielmehr von dem Gegenstande und dem Umfange des gesellschaftlichen Unternehmens ganz unabhängig. Die Vorschriften des HGB. über Aktiengesellschaften zum Betriebe eines Vollhandelsgewerbes enthalten daher größtenteils Regeln, die jedenfalls für alle — wenn gleich andere Zwecke verfolgenden — Vereinigungen passen, die die Merkmale einer Aktiengesellschaft aufweisen.[5] Es besteht — mit anderen Worten gesprochen — eine weitgehende Rechtsähnlichkeit zwischen der im HGB. geregelten Aktiengesellschaft zum Betriebe eines Handelsgewerbes und der im HGB. nicht vorgesehenen Vereinigung auf Aktien, die andere Zwecke verfolgt, der sogenannten *zivilen* Aktiengesellschaft. Sie fällt unter den Begriff der im Vereinsgesetze vom 26. Nov. 1852 R. 253 erwähnten *Aktienvereine.* Das genannte Gesetz beschränkt den Gebrauch dieser Assoziationsform — die es in § 1 lit. b im wesentlichen auf dieselbe Art umschreibt wie Art. 207 HGB. die Form der Aktiengesellschaft — nicht

[5] Tatsächlich haben auch zahlreiche Einführungsgesetze zum HGB. dessen Vorschriften über Aktiengesellschaften auf alle Erwerbsgesellschaften dieser Art ausgedehnt (s. hierüber RIESSER a. a. O. S. 73 und HAHN, I S. 597). Die deutsche Aktiennovelle vom 11. Juli 1870 hat dasselbe Ziel, nämlich die Aufhebung der sachlich nicht berechtigten Beschränkung des Verwendungsgebietes der im HGB. vorgesehenen Form der Aktiengesellschaft und damit die Beseitigung eines nicht begründeten Dualismus im Aktienrechte dadurch bewirkt, daß sie im Wege einer entsprechenden Änderung der einschlägigen Bestimmungen des HGB. jeder Aktiengesellschaft — ebenso wie jeder Kommanditgesellschaft auf Aktien — ohne Rücksicht auf den Gegenstand und den Umfang des Unternehmens die Eigenschaft einer Handelsgesellschaft beigelegt hat. Dasselbe ist in § 210 II des geltenden deutschen HGB. ausgesprochen. — Das früher in Art. 207 aufgestellte *Tatbestandsmerkmal* einer Aktiengesellschaft ist also zu einer *Rechtsfolge* dieser geworden (s. oben S. 3). Angesichts dieser Rechtsfolge bietet das deutsche HGB., das ja auch nur der Regelung des Handels dienen soll, obwohl es die Form der Aktiengesellschaft der Vereinigung zu allen erlaubten Zwecken zugänglich macht, noch weiter Raum für Vorschriften über diese Gesellschaft. Dadurch, daß jede Aktiengesellschaft als Handelsgesellschaft gilt, erscheint weiters das Handelsregister auch zur Aufnahme von Eintragungen betreffs solcher Aktiengesellschaften geeignet, deren Unternehmen sich nicht schon in Hinblick auf seinen Gegenstand oder seine Art und seinen Umfang als Handelsgewerbe darstellt. Diese gesetzes- und rechtstechnischen Vorteile werden freilich durch den rechtspolitisch nicht unbedenklichen Rechtssatz erkauft, daß jeder Aktiengesellschaft ohne Rücksicht auf ihren Zweck, also ohne Rücksicht auf Gegenstand, Art und Umfang ihres Unternehmens Kaufmannseigenschaft zukommt (vgl. ENDEMANN: Das Bundesgesetz betr. Kommanditaktiengesellschaften und Aktiengesellschaften, S. 10; LEHMANN a. a. O. I S. 145 und meine „Richtlinien für eine Revision des HGB.“, S. 38.

auf bestimmte Zwecke. Erst durch das HGB. ist die Form des Aktienvereines Vereinigungen zum Betriebe eines Handelsgewerbes (genauer: eines Vollhandelsgewerbes)[6] — aber eben nur solchen Vereinigungen — unzugänglich geworden. Die Aktienvereine haben jedoch im Vereinsgesetz (in § 1 lit. b und § 12) nur eine dürftige auf wenige Punkte beschränkte Regelung erfahren, die auch durch die allgemeinen Regeln des Vereinsrechtes in privatrechtlicher Beziehung (s. unten S. 91) kaum eine Ergänzung erhält. Zur Ausfüllung der sich hieraus ergebenden Lücke[7] können zum größten Teil die aktienrechtlichen Vorschriften des HGB. herangezogen werden. Die Vorschriften, die eine kaufmännische Buchführung voraussetzen (Art. 239 I Satz 1)[8], können allerdings auf zivile Aktiengesellschaften, die ja zur kaufmännischen Buchführung nicht verpflichtet sind, nur eine sinngemäße Anwendung finden. Auch eine solche lassen diejenigen aktienrechtlichen Vorschriften des HGB. nicht zu, die Eintragungen in das Handelsregister vorsehen und an diese Eintragungen oder an ihre Unterlassung bestimmte Rechtsfolgen knüpfen (Artt. 211, 212, 214, 228, 233, 243). Der zivilen Aktiengesellschaft ist ja das Handelsregister verschlossen und das österreichische Recht kennt kein diesem Register entsprechendes Vereinsregister. Keine analoge Anwendung finden die Vorschriften (Art. 230, 231 II) über die unbeschränkte Vertretungsmacht des Vorstands: Der Umfang der Vertretungsmacht des Organes einer Körperschaft wird — mangels einer entgegenstehenden gesetzlichen oder statutarischen Anordnung — durch den satzungsmäßigen Zweck der Körperschaft begrenzt, erstreckt sich also nur auf Rechtshandlungen, die im Rahmen des statutarischen Gegenstandes des Unternehmens der Körperschaft liegen.[9] Dieser Grundsatz würde auch auf die Organe einer Aktiengesellschaft Anwendung finden, wenn nicht das HGB. die Vertretungsmacht des Vorstandes auf alle Rechtshandlungen erstreckt hätte,[10] also auch auf diejenigen, die in gar keinem — unmittelbaren oder mittelbaren — Zusammenhang mit dem Unternehmen der Gesellschaft stehen. Der Dritte, der mit einer Aktiengesell-

---

[6] Die Errichtung eines Aktienvereines zum gemeinschaftlichen Betriebe eines Minderhandelsgewerbes ist gesetzlich nicht ausgeschlossen, kann aber natürlich praktisch nicht in Betracht kommen.

[7] Sie ist freilich angesichts der geringen Zahl der bestehenden Aktienvereine und der Schwierigkeiten, die Bewilligung zur Errichtung eines solchen Vereines zu erlangen, in der Praxis kaum fühlbar.

[8] An Stelle der Vorschrift des zweiten Satzes des Art. 239 I tritt überhaupt für Aktienvereine die Vorschrift des § 12 lit. g des Vereinsgesetzes.

[9] Siehe: O. Gierke: Die Genossenschaftstheorie, S. 636ff.; Tuhr: Bürg. R., I S. 527; Oertmann: BGB., Allgemeiner Teil, Bem. 4 zu § 26; K. Wolff bei Klang, I S. 284; GlUNF. 2594; dagegen Zobkow, GZ. 1910, S. 254.

[10] Renaud: Das Recht der Aktiengesellschaft[2], S. 572; Lehmann a. a. O., II, S. 321.

schaft in geschäftliche Beziehung tritt, braucht also das Vorhandensein eines solchen Zusammenhanges nicht zu prüfen. Es ist aber möglich, daß der Gesetzgeber diesen weitgehenden Verkehrsschutz gerade dem *Handels*verkehr gewähren wollte. Dazu kommt, daß der Betrieb eines Handelsgewerbes zahlreiche Rechtshandlungen mit sich bringen kann, denen eine unmittelbare Beziehung zu den Grundgeschäften des Unternehmens fehlt, daß also ein Dritter die Zugehörigkeit oder Nichtzugehörigkeit einer Rechtshandlung zum Betriebe eines Unternehmens gerade dann nicht immer leicht erkennen kann, wenn dieses Unternehmen ein Handelsgewerbe ist. Wir sind daher nicht zur Annahme berechtigt, daß es dem Willen des Gesetzgebers entspricht, wenn man die in Art. 230 und 231 II für eine ein Handelsgewerbe betreibende Körperschaft ausgesprochene Regel auf andere Körperschaften anwendet. Zu einer solchen Annahme kann auch nicht die Aufnahme einer den Art. 230, 231 II entsprechenden Regel in das Genossenschaftsgesetz (§§ 18, 19)[11] und in das GmbHG. (§§ 19, 20) führen: Das Unternehmen, zu dessen Betrieb überhaupt eine Erwerbs- oder Wirtschaftsgenossenschaft errichtet werden kann, ist ja, auch, wenn es kein Handelsgewerbe bildet, einem solchen stets sehr ähnlich. Gesellschaften m. b. H. können zwar grundsätzlich zu jedem erlaubten Zweck errichtet werden, gelten aber stets als Handelsgesellschaften (§ 61 GmbHG.). Es erscheint also jedenfalls nicht ausgeschlossen — wenn auch vielleicht rechtspolitisch nicht gerechtfertigt —, daß Gesellschaften m. b. H. der eben genannten Eigenschaft wegen auch bezüglich der Vertretungsmacht ihrer Vorsteher der ein Handelsgewerbe betreibenden Aktiengesellschaft gleichgestellt wurden.[12]

2. Das Vereinsgesetz vom 26. Nov. 1852 und das für die sogenannten „idealen" Vereine geltende Vereinsgesetz vom 15. Nov. 1867 R. 134 regeln das Verhältnis des Vereines zum Staat, dessen Einfluß auf die Errichtung, die Gebarung und die Beendigung des Vereines. Die genannten Gesetze enthalten also *öffentliches* Vereinsrecht. Aus diesem lassen sich allerdings auch Rechtssätze über die Entstehung und Erlöschung der Rechtspersönlichkeit eines Vereines und die Voraussetzungen der Wirksamkeit einer Satzungsänderung ableiten. In diesen Rechtssätzen erschöpft sich aber der privatrechtliche Inhalt der beiden Vereinsgesetze. Auch das ABGB. enthält abgesehen von der Vorschrift des § 26, die moralische Personen bezüglich ihrer Rechtsfähigkeit grundsätzlich den

---

[11] S. hiezu DURIG, GZ. 1918, S. 257.

[12] Tatsächlich wurden bei der parlamentarischen Beratung über die erste deutsche Aktiennovelle vom Jahre 1870 (s. oben N. 5) Bedenken gegen eine unbeschränkte Vertretungsmacht des Vorstandes von Aktiengesellschaften geltend gemacht, deren Unternehmen — ungeachtet der Kaufmannseigenschaft der Gesellschaft — gar keine Beziehung zum Handelsverkehr aufweist; s. hierüber HAHN, I S. 598.

physischen Personen gleichstellt, — im Gegensatze zum deutschen BGB. (§§ 21 bis 79) — kein privates, kein inneres Körperschaftsrecht. Es fehlt also in der österreichischen Gesetzgebung an allgemeinen Regeln: über die Organe einer Körperschaft, über die Bestellung dieser Organe und ihren Wirkungskreis, über den Erwerb und Verlust der Mitgliedschaft, über die Rechte und Pflichten der Mitglieder, über Änderungen der Satzung, über das Schicksal des Vermögens des aufgelösten Vereines. Die Lücke,[13] die dieser Mangel begründet, kann durch analoge Anwendung der Sondergesetze ausgefüllt werden, die bestimmte Körperschaften regeln.[14] Die Zulässigkeit der Analogie ist jedoch auf solche Vorschriften beschränkt, die in keinem Zusammenhang mit den besonderen Zweck und der besonderen Form der geregelten Körperschaft stehen. Diese negative Voraussetzung ist auch hinsichtlich eines Teiles der aktienrechtlichen Vorschriften des HGB. gegeben. Denn für die Rechtsfolgen zahlreicher dieser Vorschriften kann man weder dem Umstande, daß die Gesellschaft ein Handelsgewerbe betreibt, eine Bedeutung zuerkennen (s. oben S. 89ff) noch dem Umstand, daß die Vereinigung die der Aktiengesellschaft eigentümliche Form aufweist. Von diesen Vorschriften sind übrigens viele auch in das Genossenschaftsgesetz und das GmbHG. aufgenommen worden. Dadurch erscheint einerseits jeder Zweifel an der Unerheblichkeit der beiden erwähnten Tatbestandsmerkmale beseitigt,[15] anderseits die Möglichkeit geboten, zur Ausfüllung der aufgezeigten Lücke mehrere einen rechtsähnlichen Tatbestand regelnde Vorschriften heranzuziehen:[16]

Sowohl die Bestimmungen des HGB. über den Wirkungskreis der Generalversammlung (Art. 224), über die bei ihrer Einberufung kundzumachende Tagesordnung, über die Beschränkung der Beschlußfassung auf Gegenstände der kundgemachten Tagesordnung (Art. 238), über die zur Beschlußfassung erforderliche und regelmäßig genügende Mehrheit (Art. 209 Z.10) als auch die inhaltlich übereinstimmenden Vorschriften des GenG. (§§ 37, 30, 33) und des GmbHG. (§§ 34, 38, 39) gestatten eine analoge Anwendung auf alle Vereine. — Sowohl eine Analogie aus Art. 245 HGB., als auch eine solche aus § 48 Z. 3 GenG. und aus § 90 und § 91 GmbHG. führt zu dem allgemeinen Rechtssatz, daß das nach Berichtigung der Schulden erübrigende Vermögen einer aufgelösten Körperschaft, sofern ihr Zweck ausschließlich auf Förderung der Interessen der Mitglieder gerichtet ist, unter diese zu verteilen ist.[17] — Die Änderung der

---

[13] S. oben S. 36.

[14] Vgl. Ehrenzweig, § 84, IV.

[15] Vgl. Bierling: Juristische Prinzipienlehre, IV S. 409; Pfaff-Hofmann, Komm., I S. 192.

[16] Vgl. hiezu meine Ausführungen bei Klang, I S. 125, 126.

[17] Vgl. Ehrenzweig, § 84, IV.

Satzung einer Aktiengesellschaft ist durch Art. 214 HGB. dem Wirkungskreis der Generalversammlung zugewiesen und kann regelmäßig auch mit Stimmen*mehrheit* beschlossen werden (arg. a contr. aus Art. 215). Ebenso wird für Erwerbs- und Wirtschaftsgenossenschaften in § 33 GenG. und für Gesellschaften m. b. H. in den §§ 49, 50 GmbHG. nicht nur das Erfordernis der Zustimmung aller Mitglieder, sondern auch das eines *einstimmigen* Generalversammlungsbeschlusses verneint. Diese gesetzlich bloß für Aktiengesellschaften, Erwerbs- und Wirtschaftsgenossenschaften und Gesellschaften m. b. H. ausgesprochene Regel muß angesichts der vollständigen Gleichheit des Rechtsgrundes analog auf andere Korporationen ausgedehnt werden. Die bekannte Streitfrage, ob beim Mangel einer positiven gesetzlichen Vorschrift über die Erfordernisse einer Satzungsänderung zu dieser Zustimmung aller Mitglieder notwendig ist,[18] oder ein einstimmiger Beschluß der ordnungsmäßig einberufenen Generalversammlung[19] oder sogar ein Mehrheitsbeschluß[20] genügt, ist also für das österreichische Recht gegenstandslos. Der österreichischen Gesetzgebung ist eben, wenngleich nur im Wege der Analogie, eine Entscheidungsnorm zu entnehmen.[21] Sie geht dem Gesagten zufolge dahin, daß von gewissen Ausnahmen abgesehen zur Satzungsänderung ein *Mehrheits*beschluß der Generalversammlung genügt. Die Beschlüsse der Generalversammlung werden grundsätzlich mit *einfacher* Stimmenmehrheit gefaßt. Diesen allgemein und auch in zahlreichen Gesetzen anerkannten Grundsatz des Korporationsrechts hat das HGB. auch bei — nicht der Einstimmigkeit bedürftigen — Satzungsänderungsbeschlüssen einer Aktiengesellschaft aufrecht erhalten. Dagegen verlangt § 33 II GenG. eine Mehrheit von zwei Dritteln und § 50 I GmbHG. eine Mehrheit von drei Vierteln der abgegebenen Stimmen.[22] Daraus läßt sich aber nicht auch für andere Körperschaften das Erfordernis einer qualifizierten Mehrheit ableiten. Welche über die einfache Mehrheit hinausgehende Mehrheit soll notwendig sein? Eine analoge Anwendung der für Erwerbs- und Wirtschaftsgenossenschaften gegebenen Vorschrift wäre gerade so willkürlich, wie die der angeführten Vorschriften des GmbHG.

---

[18] So die herrschende und wiederholt eingehend begründete Ansicht (siehe LEHMANN a. a. O., I S. 197).

[19] So UNGER: System, I S. 344; EHRENZWEIG, § 81; K. WOLFF bei KLANG, I S. 284.

[20] So OGH. vom 13. Jänner 1931, SZ. XIII/3 mit sehr eingehender aber nicht durchwegs überzeugender Begründung.

[21] Das wird von den oben (N. 19) angeführten Schriftstellern und vom OGH. (s. vorige Note) nicht berücksichtigt.

[22] Auch das Aktienregulativ knüpft (§ 48) die staatliche Genehmigung der Aktiengesellschaft an die Bedingung, daß für Beschlüsse auf Abänderung des Statutes in diesem das Erfordernis einer Dreiviertelmehrheit aufgestellt wird.

Zweites Kapitel.

Teile des HGB. mit bloß bruchstückartiger Regelung des behandelten Gegenstandes.

§ 16.

I. Unzulässigkeit der Analogie infolge Verneinung der Rechtsähnlichkeit durch den Gesetzgeber.

Der Gesetzgeber, der sich mit einer bruchstückartigen Regelung (s. oben § 9) eines bestimmten Gegenstandes begnügt, hat natürlich nicht willkürlich und wahllos die Tatbestände herausgegriffen, die er dieser Regelung unterzogen hat. Der Gesetzgeber muß vielmehr dafür, daß er gerade diese Tatbestände für Kaufleute oder Handelsgeschäfte geregelt hat, besondere Gründe gehabt haben. Am nächsten liegt die — in vielen Fällen auch zutreffende — Annahme, daß der Gesetzgeber den geregelten Tatbestand deshalb berücksichtigt hat, weil er für diesen Tatbestand eine den besonderen Bedürfnissen des Handelsverkehrs angepaßte Norm geben wollte,[1] daß er also dem Tatbestandelemente der Kaufmanns- oder Handelsgeschäftseigenschaft Erheblichkeit für die angeordnete Rechtsfolge beilegt. Dann ist aber die Rechtsähnlichkeit eines dieses Elements entbehrenden Tatbestandes vom Standpunkt der Auffassung des Gesetzgebers aus — auch wenn diese Auffassung nicht schon aus dem Inhalte des Tatbestandes selbst (s. oben § 8) hervorgeht — zu verneinen. Daher ist eine analoge Anwendung auf Tatbestände, die außerhalb des Geltungsbereiches des HGB. liegen, auch dann unzulässig, wenn die handelsrechtliche Vorschrift an sich geeignet wäre, eine Lücke des bürgerlichen Rechts aufzudecken. Das soll an zwei Beispielen gezeigt werden:

Art. 290 enthält zwei Rechtssätze: 1. Dienst-, Werk-, Mandats-, Maklerverträge, Verwahrungsverträge und Darlehensverträge, die ein Kaufmann im Betriebe seines Handelsgewerbes schließt, sind von gesetzeswegen entgeltliche Verträge; es besteht nicht bloß eine Vermutung zugunsten der Entgeltlichkeit.[2] 2. Ein Kaufmann, der im Betriebe seines Handelsgewerbes zwar nicht auf Grund eines Dienst-, Darlehens-, Verwahrungsvertrages usw., aber in Erfüllung einer gesetzlichen Pflicht (s. Art. 323), in Ausübung eines eigenen Rechts (z. B. bei Vornahme des Befreiungsverkaufes nach Art. 343) oder auf Veranlassung eines anderen,

[1] In den Mot. zum PrEntw. (S. 133) wird sogar ausdrücklich gesagt, daß in dem Titel „Vom Kaufe“ außer den Vorschriften, die territoriale Verschiedenheiten des bürgerlichen Rechts für den Handelsverkehr ausgleichen wollen (s. unten § 19), nur Vorschriften aufgenommen wurden, die den Besonderheiten Rechnung tragen, „die durch die Eigentümlichkeiten der Verhältnisse des Handels hervorgerufen werden“.

[2] Siehe Schey: Obligationsverhältnisse, S. 662.

z. B. infolge Annahmeverzuges dieses,[3] für einen andern Dienste leistet, Auslagen oder Vorschüsse macht, Geschäfte besorgt, Sachen verwahrt, hat Anspruch auf das übliche Entgelt (Zinsen, Provision, Verwahrungsgebühr usw.). Der Rechtsgrund für die eben wiedergegebenen Regeln des Art. 290 trifft vielleicht für jeden Gewerbebetrieb zu, nicht nur für einen solchen, der ein Handelsgewerbe bildet.[4] Aber die Zugehörigkeit des Art. 290 zu den eine bloß bruchstückartige auf bestimmte herausgegriffene Tatbestände beschränkte Regelung bietenden „Allgemeinen Bestimmungen über Handelsgeschäfte“ zeigt, daß der Gesetzgeber bei dem in Art. 290 geregelten Tatbestand dem Elemente des Handelsgewerbes eine Bedeutung für die angeordnete Rechtsfolge beilegt. Dazu kommt, daß der Inhalt des Art. 290 mehreren Bestimmungen des ALR.[5] entnommen wurde, die durchwegs in dem Titel „Von Kaufleuten“ enthalten waren, also auch in dem vorbildlichen Gesetze als bloß für Kaufleute geeignete Sondernormen gedacht waren.[6] Art. 290 gestattet daher keine analoge Anwendung auf andere Gewerbe als Handelsgewerbe, obwohl man bei vorhandener — nämlich auch vom Standpunkte der Auffassung des Gesetzgebers aus vorhandener — Rechtsähnlichkeit der Tatbestände in den Fehlen einer dem zweiten Rechtssatze des Art. 290 entsprechenden Vorschrift des bürgerlichen Rechts eine Lücke erblicken könnte. Eine solche würde vielleicht auch einer analogen Anwendung des ersten Rechtssatzes auf *Darlehensverträge*[7] Raum geben. Denn das

[3] S. mein Lehrbuch d. HR., S. 171; etwas anders LÖBL bei STAUB-PISKO[3], Einl. zu Art. 290. Die Voraussetzungen des im Texte unter 2 erwähnten Anspruches sind in Art. 290 nicht ganz klar ausgedrückt. Es kommt aber hier gar nicht auf die genaue Ermittlung dieser Voraussetzungen an. Es genügt die Feststellung, daß die in Art. 290 angeführten Leistungen, wenn sie im Betriebe eines Handelsgewerbes bewirkt werden, auch dann einen Anspruch auf Entgelt begründen können, wenn sie nicht den Gegenstand eines Vertrages bilden.

[4] Vgl. insbesondere HAHN, Einleitung zu Art. 290.

[5] Teil II, Tit. 8, §§ 695, 698, 700, 701. Vgl. hiezu Mot. zum PrEntw. S. 113.

[6] Vgl. oben S. 28.

[7] Wer sich zu Dienstleistungen verpflichtet, die Herstellung eines Werkes, oder die Vermittlung eines Geschäftes übernimmt, hat schon nach bürgerlichem Recht — und zwar ohne Rücksicht auf seinen Beruf — einen Anspruch auf ein angemessenes Entgelt (§ 1152 ABGB., § 29 in Verbindung mit § 6 HAgG), wenn ein solches nicht abbedungen wurde. Zu demselben Ergebnis wie diese Regel führen für Verwahrungsverträge und Mandatsverträge, die vom Verwahrer oder Beauftragten im Betriebe eines *Gewerbes* geschlossen werden, die Vorschriften der §§ 969, 1004 (vgl. SCHEY a. a. O. S. 662). Die dort ausgesprochene Regel, daß der „Stand“ des Verwahrers, bzw. Beauftragten ein Indiz für eine stillschweigende Zusage eines Lohnes bildet, ist keineswegs auf den Fall zu beschränken, daß der Verwahrungs- bzw. Mandatsvertrag in den „üblichen Rahmen“ des „engeren Geschäftszweiges“ des Verwahrers oder Beauftragten fällt (anders LÖBL a. a. O.).

ABGB. gedenkt bei der aus § 984 in Verbindung mit § 913 folgenden Regel, daß dem Darlehensgeber ohne Vereinbarung keine Zinsen gebühren, nicht an den besonderen Fall, daß das Darlehen im Betriebe eines Gewerbes gewährt wurde. In diesem Falle wird sich aber auch dann, wenn der Geldverleiher nicht infolge dieses Betriebes Kaufmann ist,[8] daher Art. 290 nicht zur Anwendung gelangt, ein Zinsenanspruch in aller Regel auf eine stillschweigende Vereinbarung[9] gründen lassen,[10] so daß man zu demselben Ergebnis gelangt, wie im Wege einer analogen Anwendung des Art. 290.

§ 1425 ABGB. gibt dem Schuldner im Falle des Annahmeverzuges des Gläubigers nur das Recht, sich durch *Erlag* des geschuldeten Gegenstandes, und zwar nur durch *gerichtlichen* Erlag von diesem Gegenstande zu befreien. Eine besondere Vorschrift darüber, wie sich der *Verkäufer* bei Annahmeverzug des Käufers der Ware entledigen kann, fehlt im ABGB. Der Mangel einer solchen Vorschrift könnte trotz der allgemeinen Regel des § 1425 angesichts der Vorschrift des Art. 343 HGB. als eine der Analogie raumgebende Lücke unter der Voraussetzung erkannt werden, daß der Annahmeverzug beim Handelskaufe und beim Nichthandelskaufe als rechtsähnliche Tatbestände anzusehen sind. Die Rechtsähnlichkeit kann nicht von vorneherein von der Hand gewiesen werden. Denn gewährt das Gesetz bei Annahmeverzug des Käufers dem Verkäufer überhaupt ein Recht zum Selbsthilfeverkauf und zur außergerichtlichen Hinterlegung, so läßt sich für eine Beschränkung dieser Rechte auf den Handelskauf kaum ein innerer Grund auffinden. Für diese rechtspolitische Erwägung ist jedoch kein Raum. Denn die Aufnahme der Vorschrift des Art. 343 in das HGB. zeigt angesichts der bloß fragmentarischen Regelung, die der Handelskauf erfahren hat, daß der Gesetzgeber in diesem Artikel für den dort vorgesehenen Tatbestand eine den besonderen Verhältnissen des Handelsverkehrs Rechnung tragende Regel aufstellen wollte.

Es genügt vielmehr geradeso wie zur Anwendung des Art. 290 jeder (erkennbare) Zusammenhang des Geschäftes mit dem Gewerbebetriebe.

[8] Wie z. B. der kleine Geldverleiher, der zwar gewerbsmäßig, aber nur aus eigenen Mitteln und nicht zu Betriebszwecken Darlehen gewährt; siehe Staub-Pisko[3], § 20 zu Art. 272 und das dort bezogene Schrifttum.

[9] Die Möglichkeit einer stillschweigenden Vereinbarung von Darlehenszinsen wird auch in den Motiven zum deutschen BGB (II S. 312) ausdrücklich hervorgehoben.

[10] Der Umstand, daß das ABGB. für den Darlehensvertrag keine den §§ 969, 1004 entsprechende Vorschrift aufstellt, berechtigt nicht etwa zu dem Umkehrschlusse, daß eine bloß stillschweigende Vereinbarung von Darlehenszinsen der rechtlichen Wirksamkeit entbehrt. Ebensowenig folgt arg. a contr. aus den genannten Bestimmungen, daß der Stand des Darlehensgebers allein noch keinen Schluß auf eine stillschweigende Zinsenvereinbarung gestattet.

§ 17.

II. Zulässigkeit der Analogie trotz bruchstückartiger Regelung des Gegenstandes.

Nicht immer kann aus dem bruchstückartigen Charakter der Regelung eines Gegenstandes geschlossen werden, daß der Gesetzgeber bei den dieser Regelung einbezogenen Tatbeständen dem Elemente der Kaufmanns- oder Handelsgeschäftseigenschaft Erheblichkeit für die angeordnete Rechtsfolge beigelegt hat, also die Rechtsähnlichkeit eines dieser Elemente entbehrenden Tatbestandes verneint. Die Aufnahme einer Vorschrift in einen eine bloß fragmentarische Regelung des behandelten Gegenstandes anstrebenden Teil des HGB. muß nämlich nicht immer auf die — einer analogen Anwendung der Vorschrift auf Nichtkaufleute oder Nichthandelsgeschäfte entgegenstehende — Absicht des Gesetzgebers zurückgeführt werden, gerade für den geregelten Tatbestand eine den Eigentümlichkeiten und besonderen Bedürfnissen des Handelsverkehrs angepaßte Norm aufzustellen. Sehr häufig bietet nämlich die besondere Beschaffenheit des Tatbestandes (s. unten § 18), der Inhalt des Zivilrechts (s. unten § 19) oder die Beziehung der aufgenommenen Vorschrift zu einer anderen (s. unten § 20) — teils schon allein, teils in Verbindung mit den Gesetzesmaterialien — eine ausreichende Erklärung dafür, daß der Gesetzgeber einen bestimmten Tatbestand in die bloß bruchstückartige Regelung eines Gegenstandes einbezogen hat. Freilich finden sich auch in den Teilen des HGB., die nicht bloß eine fragmentarische, sondern eine vollständige und geschlossene Regelung eines bestimmten Gegenstandes bringen wollen, viele Vorschriften, deren Aufnahme in das Gesetz durch einen der oben angeführten Umstände verursacht erscheint. Die Aufdeckung dieses ursächlichen Zusammenhanges bildet aber keine Voraussetzung für eine analoge Anwendung auf Nichtkaufleute und Nichthandelsgeschäfte. Denn will das HGB. einen bestimmten Gegenstand erschöpfend regeln, so besteht — wie bereits ausgeführt wurde, — überhaupt gar kein Anhaltspunkt für die Annahme, daß der Gesetzgeber mit einer Bestimmung, die sich auf diesen Gegenstand bezieht, eine gerade den Eigentümlichkeiten und besonderen Bedürfnissen des Handelsverkehrs Rechnung tragende Norm aufstellen wollte.

§ 18.

1. *Tatbestände, die sich in der Regel nur im Handelsverkehr ereignen.*

Manche Tatbestände sind im HGB. bloß deshalb geregelt, weil sie sich meistens nur im Betriebe des Gewerbes eines Kaufmanns oder bei Handelsgeschäften ereignen, daher im bürgerlichen Recht — obwohl sie auch außerhalb des Handelsverkehrs eintreten können, — überhaupt keine Regelung erfahren haben. Für den Gesetzgeber war also nicht die Erwägung maßgebend, daß gewisse Tatbestände dann, wenn sie sich im Handelsverkehr ereignen, einer Regel bedürfen, deren Inhalt den Eigentümlichkeiten des Handelsverkehrs Rechnung trägt. Der Gesetzgeber wollte vielmehr bloß einem Bedürfnis des Handels nach einer besonderen — im Zivilrecht nicht ausgesprochenen — Regel für Tatbestände abhelfen, die am häufigsten im Handelsverkehr eintreten und mit denen deshalb das Element der Kaufmanns- oder Handelsgeschäftseigenschaft meistens — wenn auch nicht notwendig — verbunden erscheint. Ein solcher Tatbestand ist z. B. in Art. 50 geregelt. Dort wird bestimmt, daß derjenige, der in einem Laden, in einem offenen Magazin oder Warenlager angestellt ist, zu den in einem solchen Raume üblichen Verkäufen und Empfangnahmen als ermächtigt gilt. Die Vorschrift setzt im Hinblick auf ihre Stellung im Systeme des Gesetzbuches zweifellos Anstellung bei einem Kaufmann voraus. Es ist aber ganz unwahrscheinlich, daß der Gesetzgeber diesem Momente eine sachliche Bedeutung für die in Art. 50 angeordnete Rechtsfolge beilegt, daß er in die Regeln über die Handlungsvollmacht eine Vorschrift für den in Art. 50 vorgesehenen Fall deshalb aufgenommen hat, weil er die Anstellung in einem Laden usw. eines *Kaufmanns* einer besonderen durch die Kaufmannseigenschaft des Inhabers des Ladens usw. begründeten Regel für bedürftig angesehen hat. Die Aufnahme der erwähnten Vorschrift in das HGB. erklärt sich vielmehr ungezwungen schon durch die Tatsache, daß die in Art. 50 angeführten für den Verkehr mit dem Publikum bestimmten[1] (s. das Wort „offen“) Geschäftsräume meistens nur in dem Unternehmen eines Kaufmanns anzutreffen sind, daß also die Frage nach der Vollmacht des Ladenangestellten usw. gerade bei Angestellten eines Kaufmanns eine praktische Bedeutung gewinnt. Die Vorschrift des Art. 50 gestattet daher — soweit sich der dort ausgesprochene Rechtssatz nicht schon aus dem bürgerlichen Rechte, insbesondere aus § 1030 ABGB.[2] ableiten läßt — eine analoge Anwendung auf den Fall, daß der Inhaber eines Geschäftsraumes der in Art. 50 bezeichneten Art nicht Kaufmann ist, z. B. auf den Fall, daß ein Land- und Forstwirt für den Verkauf seiner Bodenerzeugnisse einen besonderen, alle Merkmale eines Ladens aufweisenden Raum einrichtet.

[1] Vgl. Denkschrift zu den §§ 55, 56 DHGB.

[2] Vgl. SWOBODA bei KLANG, II 2 S. 852. Soweit § 1030 sich auf den Eigentümer eines — neben der „Handlung“ besonders erwähnten — „Gewerbes“ bezieht, ist er durch § 1 EG. zum HGB. nicht berührt worden. Das Gegenteil wollte ich auch nicht mit meiner — freilich nicht ganz deutlichen — Bemerkung (Lehrb. d. HR., S. 20) behaupten, daß „die Bestimmungen der §§ 1027 bis 1031 ABGB. über die Handlungsvollmacht durch § 1 EG. zum HGB. aufgehoben“ sind.

Der Fall, daß ein Kaufanbot erkennbar an mehrere Personen gerichtet wird, z. B. durch Mitteilung von Preislisten, Katalogen usw., wird sich tatsächlich meistens nur im Handelsverkehr ereignen. Nur auf diesen Umstand muß es zurückgeführt werden, daß das HGB. in seinen Vorschriften über den Handelskauf dieses Falles gedenkt und in Art. 337 die Regel aufstellt, daß einem Anbote der erwähnten Art die Bedeutung eines verbindlichen Antrages zu einem Kaufvertrage fehlt, gemeint ist: *im Zweifel*[3] fehlt. Diese Regel wird damit begründet, daß bei Aussendung von Preislisten usw. meist nur die Absicht besteht, „das Anknüpfen einer Geschäftsverbindung überhaupt einzuleiten, nicht aber Anträge zu einem bestimmten Geschäfte zu machen".[4] Diese richtige Begründung trifft aber nicht bloß dann zu, wenn das Geschäft, zu dem auf die in Art. 337 vorgesehene Weise aufgefordert wird, einen Handelskauf oder überhaupt ein Handelsgeschäft darstellt. Daher ist die — doch nicht ganz überflüssige[5] — Auslegungsregel[6] des Art. 337 im Geltungsgebiete des bürgerlichen Rechts analog anzuwenden.[7]

§ 19.

2. *Beseitigung von Streit- und Zweifelsfragen und örtlichen Verschiedenheiten des bürgerlichen Rechts.*

Der Gesetzgeber hat die durch die Kodifikation des Handelsrechts gebotene Gelegenheit benützt, wenigstens für den Handelsverkehr Streit- und Zweifelsfragen aus der Welt zu schaffen und Verschiedenheiten der Zivilrechtsordnungen der Staaten zu beseitigen, in denen das HGB. Wirksamkeit erlangen sollte.[1] Der Gesetzgeber wollte mit manchen in das HGB. aufgenommenen Vorschriften bloß ein im Handelsverkehr besonders stark empfundenes Bedürfnis nach einer — durch das Zivilrecht nicht gebotenen — zweifelsfreien oder territorial einheitlichen Regelung bestimmter Tatbestände befriedigen. Der Zweck, Zweifel und örtliche Verschiedenheiten des Zivilrechts für den Handelsverkehr zu beseitigen,

---

[3] STAUB[5], § 15 zu Art. 337, HAHN, § 8 zu Art. 337 u. a. m.

[4] Mot. zum PrEntw. S. 134.

[5] Dagegen Mot. (I S. 167) zum DBGB. Dieses hat auch eine dem Art. 337 entsprechende Bestimmung nicht aufgenommen. Vollständig überflüssig ist allerdings die weitere Vorschrift des Art. 337, daß ein Kaufanbot, in dem der Preis, die Ware oder die Menge nicht bestimmt ist, kein verbindlicher Antrag zu einem Kaufe ist. Das ist eine selbstverständliche und notwendige Folge des Rechtssatzes, daß ein Kaufvertrag Einigung der Parteien über Ware und Preis voraussetzt (HAHN, § 6 zu Art. 337).

[6] HAHN a. a. O.

[7] Vgl. EHRENZWEIG, § 313 N. 10.

[1] GOLDSCHMIDT, I S. 374 und ZHR. 5, 213; BRAUER a. a. O.; HAHN, Vorbem. I, vor Art. 278 ff.

wird auch bei manchen Vorschriften in den Motiven zum PrEntw.[2] und in den Konferenzprotokollen ausdrücklich hervorgehoben und die Begründung der Bestimmungen des zweiten Titels des vierten Buches „Vom Kaufe“ beginnt (S. 133) mit der allgemeinen Bemerkung: „Der Handelskauf ist im wesentlichen den allgemeinen Regeln des Zivilrechts über den Kaufvertrag unterworfen. . . . Der gegenwärtige Titel des Entwurfs gibt keine erschöpfenden Vorschriften über den Handelskauf, sondern trifft nur über einige Arten desselben und über einzelne Fragen Festsetzungen, rücksichtlich deren durch die Eigentümlichkeit der Verhältnisse des Handels Besonderheiten hervorgerufen werden, *oder eine allgemeine Norm, der Verschiedenheit der bürgerlichen Gesetze gegenüber, als wünschenswert und möglich erachtet werden muß*“.

Bloß ein durch das ALR. (I, Tit. 11, § 133) hervorgerufener Zweifel sollte für den Handelsverkehr durch die Bestimmung des Art. 344 beseitigt werden, daß dem Verkäufer, dem die Versendung der Ware obliegt, auch — mangels einer Bestimmung des Käufers — die Wahl der Art der Versendung und der Person, durch die sie zu bewirken ist, anheimgestellt ist.[3] Diese Bestimmung ist analog auf alle Käufe anzuwenden. An Stelle der Vorschrift des Art. 344, daß der Verkäufer die ihm vorbehaltene Wahl mit der Sorgfalt eines ordentlichen Kaufmanns zu treffen hat, tritt außerhalb des Geltungsgebietes des Handelsrechts die allgemeine Regel der §§ 1297 und 1299 ABGB. über das Maß der anzuwendenden Sorgfalt.

Keiner besonderen Eigentümlichkeit des Handelsverkehrs trägt die Vorschrift des Art. 351 Rechnung, daß der Verkäufer die Kosten der Übergabe trägt, der Käufer dagegen die Kosten der Abnahme. Die Vorschrift beruht auf der gewiß nicht nur für den Handelsverkehr zutreffenden Erwägung, daß die „Übergabe der Ware zu den Verbindlichkeiten des Verkäufers gehört“, die „Abnahme der Ware dagegen Sache des Käufers“ ist.[4] Die Regel des Art. 351 folgt eigentlich schon aus dem Grundsatze, daß derjenige, der zu einer Leistung verpflichtet ist, auch den zu ihrer Bewirkung nötigen Aufwand zu tragen hat[5] und ist im HGB. wohl nur deshalb besonders ausgesprochen worden, weil auch das französische Zivilrecht (Art. 1608), aber eben nur dieses, eine entsprechende ausdrückliche Bestimmung enthalten hatte.[6] Man kann daher zu einem dem Art. 351 entsprechenden Rechtssatze auch im Geltungsgebiete des bürgerlichen Rechts jedenfalls — wenn man es überhaupt für notwendig findet

[2] S. z. B. S. 28, 124.
[3] Mot. zum PrEntw. S. 139.
[4] Mot. zum PrEntw. S. 143.
[5] S. Mot. (II S. 328) zu dem dem Art. 351 entsprechenden § 448 DBGB.
[6] S. Mot. zum PrEntw. a. a. O. und Mot. zum Württembergischen Entw. S. 315.

eine besondere gesetzliche Grundlage für diesen Rechtssatz zu suchen — im Wege einer Analogie aus Art. 351 gelangen.

Bloß eine „gemeinrechtliche Kontroverse“[7] will das HGB. für den Handelskauf entscheiden, wenn es in Art. 345 I bestimmt, daß im Falle der Versendung der Ware nach einem Ort, der für den Verkäufer nicht der Erfüllungsort ist (Art. 345 II), mit Übergabe der Ware an die Transportperson die Gefahr auf den Käufer übergeht. Die Vorschrift entspringt keinem besonderen Bedürfnis des Handelsverkehrs,[8] sondern beruht auf der für alle Kaufverträge zutreffenden Erwägung:[9] Der Verkäufer, der die Ware nach einem Ort sendet, der für ihn nicht der Erfüllungsort ist, hat mehr getan, als er zu tun verpflichtet wäre; es ist daher unbillig, ihm eine Gefahr aufzuerlegen, die er nicht getragen hätte, wenn er die Ware am Erfüllungsorte übergeben hätte.[10] Dem in Art. 345 vorgesehenen Fall ist also zweifellos der Fall rechtsähnlich, daß bei einem Nichthandelskaufe der Verkäufer — freiwillig auf Verlangen des Käufers oder auf Grund einer übernommenen Nebenpflicht — die Ware nach einem von seinem Erfüllungsorte verschiedenen Ort versendet. Gleichwohl gestattet Art. 345 I keine analoge Anwendung auf diesen Fall. Denn § 429 ABGB., der sich zwar unmittelbar nur auf den Eigentumsübergang bezieht, aber doch gleichzeitig auch eine Regel über den Zeitpunkt des Gefahrüberganges beim Distanzkaufe aufstellen will,[11] bestimmt, daß überschickte Sachen mit der Absendung nur dann als übergeben gelten, wenn der Übernehmer die „Verschickungsart selbst bestimmt oder genehmigt“ hat. Ist diese Voraussetzung nicht gegeben,[12] so trägt die Gefahr des Transportes der absendende Veräußerer. Man kann auch nicht sagen, daß § 429 ABGB. bezüglich des in Art. 345 I AGB. vorge-

---

[7] Prot. 1380.

[8] Anders die dem Art. 345 I entsprechende Bestimmung des Art. 262 II des PrEntw. In dieser Bestimmung erblickten die Verfasser des PrEntw. bloß eine „Folgerung“ (Mot. S. 140) aus der Vorschrift des vorangehenden — unter Bedachtnahme auf die „Bedürfnisse des Handels“ aufgenommenen (Mot. S. 139) — Art. 261, daß mit der Übergabe der Ware an die Tansportperson auch das *Eigentum* auf den Käufer übergeht. Diese Bestimmung ist aber in das HGB. nicht aufgenommen worden.

[9] Tatsächlich ist die Regel des Art. 345 schon durch einige Einführungsgesetze auf alle Kaufverträge ausgedehnt und auch vom deutschen BGB. (s. § 447) übernommen worden.

[10] S. insbesondere OERTMANN: BGB., Recht der Schuldverhältnisse, Bem. 1 zu § 447; HAHN, § 1 zu Art. 345.

[11] OFNER, I S. 279; s. dazu FISCHER-COLBRIE, GZ. 1924 S. 5 und auch HOFMANN: Über das periculum beim Kaufe, S. 77.

[12] Sie ist freilich immer dann gegeben, wenn sich die Verschickungsart nach den bestehenden Verkehrsverhältnissen von selbst versteht, insbesondere wenn nach diesen überhaupt nur die Versendung durch Post oder Eisenbahn in Betracht kommt (EHRENZWEIG, § 206, KLANG in seinem Kom., I 2 S. 175). Aber das ist gerade wieder heute nicht mehr der Fall.

sehenen Tatbestandes deshalb eine Lücke aufweist, weil er nicht des Falles gedenkt, daß die Ware nach einem andern Ort als den Erfüllungsort versendet wird. Die Verfasser des ABGB. dürften bei Aufstellung der Regel des § 429 gerade an diesen Fall gedacht haben, da ja auch nach dem ursprünglichen Texte des ABGB. (s. § 905 alter F.) der Wohn- oder Niederlassungsort des Gläubigers, — also der Ort, nach dem der Verkäufer die Ware regelmäßig versendet — nicht den gesetzlichen Erfüllungsort gebildet hat. Dazu kommt, daß die Regel des § 429 dem ALR. (I, Tit. 11, §§ 128 bis 134) entnommen ist.[13] Dieses hat beim Ausspruch des Rechtssatzes, daß im Falle einer ausdrücklichen oder stillschweigenden Genehmigung der Versendungsart durch den Käufer, aber eben nur in diesem Falle, Eigentum und Gefahr an den Käufer schon im Zeitpunkte der Absendung übergeht, sogar vorausgesetzt, daß der Absendungsort, also nicht der Bestimmungsort, für den Verkäufer der Erfüllungsort ist.[14] § 429 ABGB. will also mit der Regel, daß mit der Absendung der Ware die Gefahr auf den Käufer nur dann übergeht, wenn dieser die Verschickungsart bestimmt oder genehmigt hat, jedenfalls auch den Fall treffen, daß der Verkäufer die Ware nach einem anderen Ort als den Erfüllungsort sendet. Die Vorschrift, die § 905 alter F. über den gesetzlichen Erfüllungsort gegeben hatte, und das vorbildliche ALR. berechtigt aber anderseits auch zu der Annahme, daß der Gesetzgeber überhaupt bloß des zuletzt erwähnten Falles gedacht hat und den Rechtssatz, daß bei Bestimmung oder Genehmigung der Überschickungsart durch den Empfänger schon die Absendung den Übergang des Eigentums und der Gefahr bewirkt, gar nicht auf den Fall bezogen hat, daß der Bestimmungsort für den absendenden Verkäufer auch der Erfüllungsort ist. In diesem Falle bleibt es bei der allgemeinen Regel, daß der Verkäufer die Gefahr bis zur vollendeten Übergabe (§ 1051) also so lange trägt, als die übersendete Ware dem Käufer nicht abgeliefert ist. Es ist daher gar kein Raum für eine analoge Anwendung der Vorschrift des Art. 345 II, die bloß den aus der „Natur der Sache"[15] folgenden Rechtssatz ausspricht,

[13] Siehe KLANG in seinem Komm., I 2 S. 174.

[14] Siehe DERNBURG: Preuß. PrR., § 137; FÖRSTER-ECCIUS: Theorie und Praxis des preuß. PrR., II S. 81, anscheinend ebenso KOCH: ALR. zu § 248 (I, Tit. 5). — Die Regel des § 429 ABGB. wird allerdings dann nicht immer zur Anwendung kommen, wenn der Ort der Absendung für den Verkäufer nicht bloß als dessen Wohn- oder Niederlassungsort der *gesetzliche* Erfüllungsort (§ 905 neuer F.) war, sondern der Ort, an dem der Verkäufer der Ware auf Grund besonderer *Vereinbarung* zu liefern hatte. In diesem Falle wird man in der Übernahme der Versendung nach einem anderen Orte und ebenso in der freiwilligen Erfüllung des Verlangens des Käufers, eine solche Versendung vorzunehmen, sehr oft eine stillschweigende Vereinbarung erblicken müssen, daß der Käufer — auch wenn er die Überschickungsart nicht bestimmt oder genehmigt hat — die Transportgefahr tragen soll.

[15] Prot. 1387.

daß der Verkäufer die Gefahr der Versendung nach dem Ort trägt, der für ihn als Erfüllungsort gilt.[16]

Nach Art. 296 — der ja auch einem eine bloß fragmentarische Regelung bietenden Teile des HGB. angehört (s. oben § 9) — gilt der Überbringer einer Quittung dem gutgläubigen Schuldner gegenüber als zum Zahlungsempfange bevollmächtigt. Die Vorschrift bezieht sich, wie ihre Einreihung in das vierte Buch zeigt, nur auf Quittungen über Schulden aus Handelsgeschäften. Der OGH. hat eine analoge Anwendung der Vorschrift auf Schulden aus Nichthandelsgeschäften abgelehnt.[17] Auf eine Ablehnung dieser Analogie läuft auch die Meinung hinaus, daß die Regel des Art. 296 im Bereiche des bürgerlichen Rechts dann, aber nur dann anwendbar sei, wenn die Quittung dem Überbringer vom Aussteller *anvertraut* war.[18] Denn für diesen Fall, in dem ja der Quittungsaussteller den äußeren Tatbestand einer Empfangsvollmacht gesetzt hat, läßt sich bereits aus dem bürgerlichen Recht der Rechtssatz ableiten, daß der Schuldner durch Zahlung an den Überbringer der Quittung befreit wird. Das Schwergewicht der Vorschrift des Art. 296 liegt aber gerade darin, daß — im Gegensatze zum ALR.[19] — die Empfangsvollmacht nicht bloß an die Innehabung einer dem Überbringer vom Aussteller *anvertrauten* Quittung geknüpft wird, sondern einfach an die Tatsache der *Innehabung* einer echten, d. i. wirklich vom Gläubiger aus-

---

[16] Wäre die Bestimmung des § 429 ABGB. — entgegen der im Texte ausgesprochenen Ansicht — auch auf den Fall zu beziehen, daß der Ort, nach dem die Sache geschickt wird, für den Absender der Erfüllungsort ist, so würde beim *Handels*kauf der Verkäufer auch dann, wenn der Käufer die Verschickungsart bestimmt oder genehmigt hat, auf Grund des Art. 345 II die Gefahr der Versendung zum Erfüllungsort tragen — trotz des Vorbehaltes, den Art. 345 III zugunsten von Bestimmungen des bürgerlichen Rechtes macht, die die Gefahr in einem früheren Zeitpunkte auf den Käufer übergehen lassen. Ein Rechtssatz des bürgerlichen Rechts, daß der Käufer, wenn er die Verschickungsart bestimmt oder genehmigt, auch die Gefahr der Versendung nach dem *Erfüllungs*ort trägt, wäre nämlich durch den Vorbehalt des dritten Absatzes des Art. 345 HGB. nicht getroffen. Denn dieser Vorbehalt bezieht sich nur auf Vorschriften des bürgerlichen Rechts, nach denen die Gefahr schon *vor* Absendung der Ware auf den Käufer übergeht (Puchelt, Komm.², II S. 215, anscheinend ebenso Staub⁵, § 1 zu Art. 345, Endemann: Das deutsche Handelsrecht, § 110 N. 33, Hahn, § 11 zu Art. 345; vgl. auch Prot. 1381). Die Frage aber, ob und wann die Gefahr, die der Käufer nach bürgerlichem Recht nicht schon *vor* der Absendung getragen hat, *mit* der Übergabe der Ware an die Transportperson auf den Käufer übergeht, ist beim Handelskaufe ausschließlich auf Grund der Bestimmungen der beiden ersten Absätze des Art. 345 zu entscheiden.

[17] S. die bereits oben S. 11, N, 12 mitgeteilte E. vom 30. Nov. 1890, GlU. 13.457.

[18] Wellspacher: Vertrauen auf äußere Tatbestände, S. 253; Ehrenzweig, § 110 N. 43.

[19] Teil I, Tit. 13, § 130.

gestellten Quittung. Dieser Rechtssatz gründet sich nach Inhalt der Konferenzprotokolle (S. 1323) auf die Erwägung, daß „derjenige Forderungsberechtigte, welcher eine Quittung ausstellt, ohne sie so gehörig zu verwahren, daß eine Entwendung unmöglich würde, in geringerem Maße Anspruch auf Rechtsshutz habe als der Schuldner, der gegen eine unzweifelhaft echte, in unverdächtiger Weise ihm produzierte Quittung Zahlung leistet". Diese Erwägung würde vielleicht für Quittungen, die ein Kaufmann ausgestellt hat, oder wenigstens für Quittungen über eine Forderung aus einem Geschäfte, das auf Seite des Gläubigers, also auf Seite des Ausstellers ein Handelsgeschäft ist, in höherem Maße zutreffen, als für andere Quittungen. Die angeführte Erwägung trifft jedoch sicher — wenn überhaupt — für Quittungen über Forderungen, die aus gar keinem Handelsgeschäfte entspringen, geradeso zu, wie für Quittungen über eine Forderung aus einem Geschäfte, das bloß auf Seite des Schuldners ein Handelsgeschäft ist.[20] Eine solche Quittung genügt aber: Das HGB. verlangt — im Gegensatz zu Art. 55 des PrEntw. — nicht, daß die Quittung von einem Kaufmanne ausgestellt ist, auch nicht, daß das Geschäft auf Seite des Ausstellers ein Handelsgeschäft ist. Deshalb ist anzunehmen, daß der Gesetzgeber dem Tatbestandsmerkmal der Handelsgeschäftseigenschaft keine sachliche Bedeutung für die in Art. 296 angeordnete Rechtsfolge beilegt, daß Art. 296 vielmehr nur der Absicht des Gesetzgebers entspricht, einen bestimmten Tatbestand innerhalb des örtlichen Geltungsgebietes des HGB. für den Handelsverkehr einheitlich zu regeln. Die Rechtsähnlichkeit des in Art. 296 vorausgesetzten Tatbestandes und des Tatbestandes einer Zahlung an den Überbringer einer Quittung über eine Forderung aus einem Nichthandelsgeschäfte wird also auch vom Gesetzgeber nicht verneint. Diese Rechtsähnlichkeit ist — wie bereits an anderer Stelle gezeigt wurde[21] — geeignet, eine Lücke des bürgerlichen Rechts aufzudecken. Daher gestattet Art. 296 eine analoge Anwendung auf Quittungen über Forderungen aus Nichthandelsgeschäften.

§ 20.

3. *Rechtssätze akzessorischen Inhalts.*

Manche Vorschriften des HGB. enthalten keinen selbständigen Rechtssatz. Sie verordnen vielmehr nur bestimmte *Ausnahmen* von einem für Handelsgeschäfte oder Kaufleute ausgesprochenen Rechtssatz, regeln dessen *Anwendung* auf bestimmte Tatbestände, oder ziehen *Folgerungen* aus dem ihm zugrunde liegenden rechtspolitischen Gedanken.

---

[20] Tatsächlich hat denn auch das deutsche BGB. (§ 370) — wie auch bereits die Einführungsgesetze für Hamburg (§ 30) und Bremen (§ 30) — die Regel des Art. 296 auf alle Quittungen ausgedehnt.

[21] S. oben S. 42.

I. Zuweilen ist im HGB. eine Regel ausgesprochen, die den besonderen Bedürfnissen des Handelsverkehrs Rechnung trägt. Die Ausnahme aber, die das HGB. von dieser Regel anordnet, beruht nicht auf dem Gedanken, daß die Regel in den ausgenommenen Fällen *nur* für den Handelsverkehr ungeeignet sei, sondern auf dem Gedanken, daß die Regel in den ausgenommenen Fällen *auch* für den Handelsverkehr nicht am Platze ist. Die die Ausnahme anordnende Vorschrift kann daher auf die von ihr getroffenen Tatbestände analog angewendet werden, wenn diese Tatbestände zwar außerhalb des Geltungsgebietes des Handelsrechts liegen, aber von einer gleichen oder ähnlichen, jedoch keine entsprechende Ausnahme vorbehaltenden Regel des bürgerlichen Rechts ergriffen werden.

1. Wer von einem Kaufmann zum Betrieb seines Handelsgewerbes bestellt wird, ist zu allen Rechtshandlungen ermächtigt, die der Betrieb dieses Handelsgewerbes gewöhnlich mit sich bringt. Diese in Art. 47 I ausgesprochene Regel erfährt jedoch eine Ausnahme: Die Überlassung des Betriebes des Handelsgewerbes gibt gemäß Art. 47 II nicht die Vollmacht zur Eingehung von Wechselverbindlichkeiten, zur Aufnahme von Darlehen und zur Prozeßführung. Die Vollmacht zu diesen Rechtshandlungen muß vielmehr auch dann, wenn sie zum regelmäßigen Betrieb des betreffenden Handelsgewerbes gehören, besonders erteilt werden. Die Regel des Art. 47 I würde sich für das österreichische Recht bereits aus der Bestimmung des § 1029 ABGB. ergeben, daß von demjenigen „der einem andern eine Verwaltung anvertraut hat“ vermutet wird, „daß er ihm auch die Macht eingeräumt hat, alles dasjenige zu tun, was die Verwaltung selbst erfordert und was gewöhnlich damit verbunden ist“. Aus dieser Vorschrift ergibt sich auch für das bürgerliche Recht der Rechtssatz, daß die Überlassung des Betriebes eines Unternehmens eine Vollmacht zu allen Rechtshandlungen begründet, die der Betrieb dieses Unternehmens gewöhnlich mit sich bringt. Das bürgerliche Recht schränkt aber diesen Rechtssatz durch keine dem Art. 47 II entsprechende Ausnahme ein. Eine solche ergibt sich bezüglich der Darlehensaufnahme und der Prozeßführung nicht etwa daraus, daß diese Rechtshandlungen — aber nur diese, nicht auch die Eingehung von Wechselverbindlichkeiten — zu den in § 1008 angeführten actus mandati specialissimi gehören. Denn die Verwaltungsvollmacht (§ 1029) schließt auch die Vollmacht zu den in § 1008 erwähnten Rechtshandlungen in sich, wenn eben die Ausübung der übertragenen Verwaltung die Vornahme solcher Rechtshandlungen gewöhnlich mit sich bringt.[1] Die Überlassung des Betriebes eines Unternehmens, das kein Handelsgewerbe bildet, würde also eine in der angeführten Richtung weitergehende Vollmacht be-

[1] Ehrenzweig, § 112 II; Swoboda bei Klang, II 2 S. 851.

gründen, als die des Betriebes eines Handelsgewerbes — wenn man einfach die logische Konsequenz daraus zieht, daß die Regel des § 1029 nicht durch eine dem Art. 47 II entsprechende Vorschrift eingeschränkt erscheint:[2] Der Inhaber eines land- oder forstwirtschaftlichen Nebengewerbes, dessen Betrieb — was doch gewiß denkbar ist — regelmäßig auch Darlehensaufnahmen und Ausstellung von Wechseln notwendig macht, betraut mit der Führung diesen Unternehmens einen Bevollmächtigten. Der Inhaber des Gewerbes wäre aus Darlehen, die der Bevollmächtigte aufgenommen hat und aus Wechseln, die er ausgestellt hat, — obwohl diese Handlungen zum regelmäßigen Betrieb des Unternehmens gehören — nicht verpflichtet, wenn seine Firma im Handelsregister eingetragen ist, das Nebengewerbe also gemäß Art. 4 III als Handelsgewerbe gilt; er wäre dagegen aus den genannten Rechtshandlungen auf Grund des § 1029 dann verpflichtet, wenn das Nebengewerbe, weil es keine kaufmännischen Einrichtungen erfordert, oder weil die Firma des Inhabers nicht eingetragen ist, kein Handelsgewerbe bildet. Die Entstehung einer Verpflichtung des Vertretenen aus bestimmten Rechtshandlungen, noch dazu aus Wechselerklärungen!, des Vertreters wäre also davon abhängig, daß dem Unternehmen des Vertretenen die Eigenschaft eines Handelsgewerbes, daher dem Vertretenen die Kaufmannseigenschaft fehlt. Diese logische Konsequenz aus § 1029 ABGB. kann unmöglich dem Willen des Gesetzgebers entsprechen; sie kann angesichts des Art. 47 II HGB. auch nicht gezogen werden, da eben die Voraussetzungen für eine analoge Anwendung dieser Bestimmung vorliegen. Sie will ja nicht einem besonderen Bedürfnis des Handelsverkehrs nach den dort ausgesprochenen Beschränkungen Rechnung tragen; sie ordnet diese Beschränkungen nicht deshalb an, weil das in Vollmachtsnamen betriebene Gewerbe ein Handelsgewerbe darstellt. Die angeführte Bestimmung beruht vielmehr auf dem Gedanken, daß eine allgemeine Betriebsvollmacht im Zweifel nicht auf die in Art. 47 II angeführten Rechtshandlungen bezogen werden kann.[3] Die Rechtsähnlich-

---

[2] Im Schrifttum wird dieses Ergebnis, zu dem die im Texte aufgezeigte logische Konsequenz führen würde, auffallenderweise so gut wie gar nicht beachtet. Nur Titze (Ehrenbergs Handb., II S. 945) hebt hervor, daß bezüglich der im zweiten — dem Art. 47 II entsprechenden — Absatze des § 54 DHGB. angeführten Punkte „der Auslegung der Handlungsvollmacht engere Grenzen gezogen sind als der Vollmacht des allgemeinen bürgerlichen Rechts". Der Hinweis auf das „Interesse des Prinzipals" und das „Interesse der allgemeinen Verkehrssicherheit" ist sicher nicht geeignet, diese Verschiedenheit zu erklären.

[3] Vgl. Prot. 966. Es wurde auch geltend gemacht, daß „man bei keinem einzelnen Darlehens- oder Wechselgeschäft ermessen könne, ob das Darlehen wirklich für das der Vollmacht entsprechende Geschäft entnommen worden oder der Wechsel dasselbe betreffe . . .". Das trifft doch auch für Vollmachten zum Betriebe eines Unternehmens zu, das kein Handelsgewerbe ist.

keit des in Art. 47 II vorgesehenen Falles und des Falles, daß der einem Bevollmächtigten anvertraute Betrieb eines nichtkaufmännischen Unternehmens die in Art. 47 II angeführten Rechtshandlungen gewöhnlich mit sich bringt, ist also vorhanden und kann auch vom Standpunkte der Auffassung des Gesetzgebers aus nicht verneint werden. Diese Rechtsähnlichkeit läßt den Mangel einer besonderen Bestimmung des ABGB. für die Fälle, daß mit der Ausübung einer übertragenen Verwaltung gewöhnlich auch die in Art. 47 II angeführten Rechtshandlungen verbunden sind, als eine (rechtspolitische) Lücke erscheinen. Die Annahme einer solchen ist durch die allgemeine Fassung des § 1029 ABGB. nicht ausgeschlossen. Denn es ist weder sicher noch wahrscheinlich, daß der Gesetzgeber bei dieser Vorschrift der erwähnten — im Geltungsgebiete des bürgerlichen Rechts vielleicht nicht sehr häufigen — Fälle gedacht hat. Bezüglich der Wechselerklärungen läßt sich sogar mit ziemlicher Sicherheit das Gegenteil behaupten. — Die Prokura enthält nicht die Vollmacht zur Veräußerung und Belastung von Grundstücken (Art. 42 II). Daraus folgt, arg. a maiori ad minus,[4] daß auch eine andere Vollmacht zum Betriebe eines Handelsgewerbes die Befugnis zu diesen Rechtsakten nicht in sich schließt, und zwar auch dann nicht, wenn diese Rechtsakte zum gewöhnlichen Betriebe des betreffenden Handelsgewerbes gehören.[5] § 1029 ABGB. erwähnt auch eine solche Beschränkung nicht. Sie läßt sich aber, im Gegensatze zu der in Art. 47 II ausgesprochenen, auch nicht im Wege der Analogie ableiten. Denn es ist nicht unwahrscheinlich, daß ein innerer Zusammenhang zwischen dem Rechtssatze, daß die Prokura und daher auch eine andere Handlungsvollmacht nicht die Ermächtigung zur Veräußerung und Belastung von Grundstücken enthält, und dem Rechtssatze besteht, daß Geschäfte über Grundstücke — freilich nicht nur Veräußerungs- und Belastungsgeschäfte — niemals Handelsgeschäfte sein können (Art. 275).[6] Angesichts dieser „negativen Tendenz des Handelsrechts gegenüber dem Immobiliarverkehr“[7] kann man keinen inneren Widerspruch in der Gesetzgebung finden, wenn sie von den Rechtshandlungen, die im Rahmen der Vollmacht zum Betriebe eines Handelsgewerbes liegen, gewisse — wenn auch, und zwar folgewidrig,[8] nicht alle — Grundstückgeschäfte ausnimmt, andere Verwaltungsvollmachten aber auch auf diese Geschäfte erstreckt, sobald sie die Aus-

[4] HAHN, § 15 zu Art. 47, mein Lehrb. d. HR., S. 117. KRETZ bei STAUB-PISKO[3], § 6 zu Art. 47; vgl. auch POLLITZER: Das Verhalten des HGB. gegenüber dem Immobiliarverkehr, S. 52; STAUB[5], § 4 zu Art. 47, CANSTEIN: Lehrb., I S. 307.

[5] Jetzt ausdrücklich ausgesprochen in § 54 II DHGB.

[6] Dieser Zusammenhang wird auch auf der Konferenz (Prot. 77) hervorgehoben.

[7] POLLITZER a. a. O. S. 51.

[8] POLLITZER a. a. O. S. 50.

übung der übertragenen Vollmacht gewöhnlich mit sich bringt. Es fehlt daher an einem ausreichenden Grunde für die Annahme, daß eine solche Unterscheidung, also die logisch aus § 1029 folgende Entscheidung dem Willen des Gesetzgebers widerspricht.[9]

2. Art. 347 HGB. bestimmt, daß bei Distanzkäufen alle dem Käufer wegen eines Mangels der gelieferten Ware zustehenden Ansprüche durch Unterlassung der fristgemäßen Mängelrüge erlöschen; Art. 349 gibt eine — nach herrschender Meinung auch nur für Distanzkäufe geltende — Vorschrift über die Verjährung der erwähnten nicht bereits durch Versäumung der Mängelrüge erloschenen Ansprüche des Käufers. Eine analoge Anwendung dieser Regeln auf Nichthandelskäufe ist schon deshalb unzulässig, weil sowohl für die in Art. 347[10] als auch für die in Art. 349 angeordnete Rechtsfolge das Moment des Handelskaufes gewiß nicht ohne sachliche Bedeutung erscheint. Die Vorschrift des Art. 350, die von den Regeln der Art. 347 und 349 den Fall ausnimmt, daß sich der Verkäufer eines Betruges — bei der Lieferung der Ware oder bei Abschluß des Kaufvertrages[11] — schuldig gemacht hat, kann dagegen nicht auf dem Gedanken beruhen, daß der Käufer gerade beim *Handels*kauf und nur dann, wenn dieser ein *Distanz*geschäft bildet, eines besonderen Schutzes gegen einen Betrug des Verkäufers bedarf. Der erwähnten Vorschrift liegt vielmehr folgender Gedanke zugrunde: Die Bindung der Mängelansprüche an eine Mängelrüge und an die rechtzeitige Erhebung einer kurz befristeten Klage, bzw. Erstattung einer kurz befristeten Anzeige, soll zu einer raschen endgültigen Erledigung des Geschäftes führen, aber nur dem redlichen Verkehr zugute kommen. Der dolose Verkäufer soll sich daher auf Versäumnisse des Käufers, die den Verlust seiner Mängelansprüche zur Folge haben, nicht berufen können. Diese ratio trifft aber in allen Fällen zu, in denen die dem Erwerber einer Sache wegen Mängel dieser zustehenden Ansprüche im Interesse der Sicherheit des Verkehrs einer schon vor Ablauf der allgemeinen Verjährung eintretenden Erlöschung ausgesetzt sind. Daher ist die Ausnahme, die Art. 350 von der *Rügepflicht* des Art. 347 anordnet, analog auf *Platz*geschäfte auszudehnen, wenn bei diesen auf Grund eines Handelsbrauches (Art. 1)

---

[9] Das deutsche HGB. enthält keine dem Art. 275 entsprechende Bestimmung. Die Vorschrift des DHGB., daß die Prokura und eine Handlungsvollmacht nicht die Befugnis zur Veräußerung und Belastung von Grundstücken gibt (§ 49 II, § 54 II) kann daher nicht mehr auf dem Gedanken beruhen, daß solche Geschäfte außerhalb des Handelsverkehres liegen. Die im Texte angegebenen Gründe stehen daher einer analogen Anwendung dieser Vorschrift auf Vollmachten nicht entgegen, deren Umfang nach bürgerlichem Recht zu beurteilen ist.

[10] S. auch oben S. 26.

[11] Siehe Hahn, § 1 zu Art. 350; Gareis: Das Stellen zur Disposition, S. 167.

ebenfalls eine Rügepflicht besteht.[12] Für eine analoge Anwendung der erwähnten Ausnahmevorschrift auf Kaufverträge — Distanzgeschäfte oder Platzgeschäfte — des *bürgerlichen* Rechts ist deshalb keine Gelegenheit vorhanden, weil eine Rügepflicht wie sie Art. 347 anordnet, im bürgerlichen Rechte überhaupt nicht besteht. Sie ist nicht im Gesetze ausgesprochen und läßt sich außerhalb des Geltungsbereiches des Handelsrechts auch nicht auf eine Verkehrsübung gründen. — Dagegen enthält auch das bürgerliche Recht eine dem Art. 349 HGB. zwar nicht ganz gleiche, aber doch sehr ähnliche Vorschrift. Denn auch § 933 ABGB. bindet die Geltendmachung gewisser — nicht aller durch Art. 349 getroffenen — Mängelansprüche, nämlich die Geltendmachung der sich aus § 932 ergebenden *Gewährleistungsansprüche,*[13] an die Einhaltung der dort bestimmten kurzen Klage- und Anzeigefristen. In § 933 wird jedoch von der dort angeordneten Erlöschung der Fall des Betruges des Veräußerers — im Gegensatze zum HGB. — nicht ausdrücklich ausgenommen. Es entsteht die Frage, ob sich eine solche Ausnahme auf eine Analogie aus Art. 350 gründen läßt, ob also im Falle eines Betruges des Veräußerers diesem bei Platzgeschäften — die ja nach herrschender Ansicht nicht unter Art. 349 fallen — und auch bei einem Nichthandelsgeschäfte die Berufung auf die Versäumung der Gewährleistungsfristen des § 933 versagt ist: Auch in § 933 ABGB. wird für die dem Erwerber einer Sache zustehenden Mängelansprüche im Interesse der Sicherheit des Verkehrs eine besondere schon vor Ablauf der allgemeinen Verjährung eintretende Erlöschung angeordnet. Für die Rechtsfolge des Art. 350 ist es gewiß ohne Bedeutung, ob die kurzen Klagefristen *Verjährungsfristen* sind (s. das Wort „verjähren" in Art. 349 II)[14] oder, wie die des § 933, den Charakter von *Ausschlußfristen* tragen. Auch der Umstand, daß die Anzeige- und Klagefristen des § 933 für unbewegliche Sachen nicht sechs Monate sondern drei Jahre betragen, steht einer Analogie nicht entgegen. Denn entscheidend ist, daß auch diese Gewährleistungsfrist eine bedeutend kürzere ist als die allgemeine Verjährungsfrist. Die Rechtsähnlichkeit der Tatbestände ist also gegeben. Es fragt sich nur, ob diese Rechtsähnlichkeit geeignet ist, eine (rechtspolitische) Lücke des bürgerlichen Rechts bezüglich des Falles eines Betruges des Verkäufers aufzudecken. Gegen die Annahme einer solchen Lücke, also für die An-

---

[12] Staub[5], § 8 zu Art. 350, anscheinend ebenso RG. 18, 157.

[13] Zu diesen gehören nach herrschender Meinung auch die — durch Art. 349 zweifellos mitgetroffenen — Ansprüche, die dem Käufer bloß gattungsmäßig bestimmter Ware zustehen, wenn er mangelhafte Stücke in Unkenntnis ihrer Mängel als Erfüllung angenommen hat; s. dagegen meine Schrift „Gewährleistungs-, Nichterfüllungs- und Irrtumsfolgen bei Lieferung mangelhafter Ware"[2], S. 58ff., mein Lehrb. d. HR., S. 203 und meine Ausführungen bei Klang, II 2 S. 518ff.

[14] S. aber Jud. 223 (GlUNF. 7446 S. 534).

nahme, daß der Gesetzgeber mit der Vorschrift des § 933, die ihrem Wortlaut nach auch den Fall des Betruges des Verkäufers trifft, wirklich auch diesen Fall treffen *wollte,* scheint der Umstand zu sprechen, daß die gegenwärtige Fassung des § 933 auf der dritten Teilnovelle beruht und sowohl dem Art. 349 HGB. als auch den §§ 477, 478 DBGB. — die ebenfalls den Fall der arglistigen Verschweigung des Mangels ausnehmen — angelehnt[15] wurde.[16] Gleichwohl ist es sehr unwahrscheinlich, daß die Novellenverfasser einen dem Art. 350 HGB. und den §§ 477, 478 DBGB. entsprechenden Vorbehalt in den neuen § 933 deshalb nicht aufgenommen haben, weil sie die Gewährleistungsansprüche auch im Falle einer Arglist des Veräußerers an die kurzen Gewährleistungsfristen binden wollten. Eine so wesentliche und gewiß einer Begründung bedürftige Abweichung von den gesetzlichen Vorbildern wäre doch, wenn sie wirklich beabsichtigt gewesen wäre, irgendwie im HHB. hervorgehoben worden. Dieser erwähnt aber mit keinem Worte die Arglist des Veräußerers. Die Nichtaufnahme des erwähnten Vorbehaltes dürfte daher darauf zurückzuführen sein, daß der Gesetzgeber bei der Neufassung des § 933 an den Fall der Arglist des Veräußerers — obwohl dieser Fall in vorbildlichen HGB. und DBGB. besonders hervorgehoben wird — nicht gedacht hat. Die analoge Anwendung des Art. 350 ist also zulässig.[17] Das heißt: Im Falle eines Betruges, einer Arglist, des Veräußerers greifen auch die Gewährleistungsfristen des § 933 nicht Platz;[18] die Gewährleistungsansprüche unterliegen in diesem Falle bloß der allgemeinen Verjährung. — Die Vorschrift des § 926 ABGB., die die Voraussetzungen bestimmt, unter denen der Erwerber von einer — in § 925 vorgesehenen — rechtlichen Vermutung, daß „der Mangel schon vor der Übergabe des Tieres vorhanden war" Gebrauch machen kann, findet dagegen auch im Falle einer Arglist des Veräußerers volle Anwendung. Die Analogie des Art. 350 versagt hier. Denn die Versäumung der in § 926 angeführten Schritte hat nicht, wie die Versäumung der Rüge des Art. 347 und die Nichteinhaltung der Klage- und Anzeigefristen des Art. 349 HGB., den Verlust des *Anspruchs* wegen des Mangels zur Folge, sondern bloß den Verlust des *Beweisvorteiles,* den eine in § 925 vorgesehene Vermutung schafft.

---

[15] HHB. zu S. 193 des Novellenentw.

[16] Aus diesem Grunde habe ich auch in meiner Schrift „Gewährleistungs-, Nichterfüllungs- und Irrtumsfolgen bei Lieferung mangelhafter Ware" (S. 84 N. 65) die Zulässigkeit einer analogen Anwendung des Art. 350 HGB. im Geltungsgebiete des § 933 verneint.

[17] So auch Ehrenzweig, § 323 IV 2, dem ich mich — unter Aufgabe meiner früheren Ansicht (s. oben N. 16) — bereits in Klangs Kommentar (II 2 S. 576) angeschlossen habe.

[18] Ehrenzweig a. a. O. begründet diesen Rechtssatz auch mit einer analogen Anwendung des § 1487 ABGB. Aber diese Analogie ist nicht ohne Bedenken (s. meine oben N. 16 angeführte Schrift a. a. O.).

II. Die Rechtsfolgen des Verzuges beim Handelskauf werden in den Art. 354 bis 357 bestimmt. Eine diese Vorschriften ergänzende Regel, eine Regel über ihre Anwendung auf den Fall des bloßen *Teil*verzuges, enthält Art. 359: Der vertragstreue Teil kann in diesem Falle die sekundären Verzugsrechte der Art. 354, 355, 357 bei beiderseitiger Teilbarkeit der Erfüllung nur bezüglich des nichterfüllten Teiles geltend machen; bei Unteilbarkeit der Erfüllung auf Seite eines Teiles oder beider Teile können dagegen die erwähnten Verzugsfolgen, wie ein Umkehrschluß aus Art. 359 ergibt, auch hinsichtlich des bereits erfüllten Teiles des Vertrages geltend gemacht werden. Für die Rechtsfolgen, die die Art. 354, 355, 357 an den Zahlungs- und Lieferungsverzug knüpfen, ist der Umstand, daß die nichterfüllte Verbindlichkeit aus einem Handelskaufe entspringt, gewiß nicht ohne Bedeutung. Eine analoge Anwendung der genannten Vorschriften auf andere Kaufverträge oder überhaupt auf andere gegenseitige Verträge wäre daher auch dann nicht zulässig, wenn das bürgerliche Recht über die Folgen des Verzuges bei solchen Verträgen gar nichts bestimmte. Die ratio der Regel des Art. 359 trifft dagegen für alle gegenseitigen Verträge zu, wenn aus der Verzögerung ihrer Erfüllung dem vertragstreuen Teil — auf Grund irgendeines Gesetzes — Rechte erwachsen, die im wesentlichen denen der Art. 354, 355, 357 entsprechen. Solche Rechte stehen dem vertragstreuen Teil auch auf Grund der §§ 918, 919, 921 ABGB. zu. In diesen Bestimmungen ist aber nur ein ganz bestimmter Fall des Teilverzuges, nähmlich der Verzug mit einer auf Grund eines Sukzessivlieferungsvertrages zu bewirkenden Teilleistung vorgesehen (§ 918 II).[19] Bei der Entscheidung der Frage, ob in anderen Fällen des Teilverzuges das dem vertragstreuen Teil zustehende Rücktrittsrecht (§§ 918, 919) und der ihm neben diesem Rechte zustehende Anspruch „auf Ersatz des durch die verschuldete Nichterfüllung verursachten Schadens“ (§ 921) auch den bereits erfüllten Teil des Vertrages ergreift, ist sohin eine analoge Anwendung des Art. 359 zulässig.[20]

III. Art. 306 HGB. enthält zwei Rechtssätze: 1. Veräußert oder verpfändet ein Kaufmann im Betriebe seines Handelsgewerbes eine bewegliche Sache, so erlangt der redliche Erwerber oder Pfandnehmer — abgesehen von der Ausnahme, die der letzte Absatz für gestohlene oder verlorene Sachen macht — auch dann das Eigentum, bzw. das Pfandrecht, wenn die Sache nicht dem Veräußerer oder Verpfänder gehört hat (Art. 306 Abs. 1 Satz 1, Abs. 2 Satz 1). 2. Früher begründete Pfandrechte und andere dingliche Rechte an Sachen, die ein Kaufmann im Betriebe seines Handelsgewerbes veräußert oder verpfändet hat, er-

---

[19] S. oben S. 40.

[20] Zu demselben Ergebnis wie diese Analogie führt freilich auch die aus § 918 II (s. meine Bemerkungen bei KLANG, II 2 S. 484).

löschen im Falle einer Veräußerung, wenn die Rechte dem Erwerber unbekannt waren (Abs. 1 Satz 3) und können im Falle einer Verpfändung nicht zum Nachteile des redlichen Pfandnehmers geltend gemacht werden, also nur gegen Einlösung seiner Pfandforderung und bei der Verteilung des Erlöses nur als rangsjüngere Pfandrechte geltend gemacht werden (Abs. 2 Satz 2). Diese Erlöschung früherer dinglicher Rechte und ebenso die Beschränkung ihrer Wirkung tritt sowohl dann ein, wenn auch der *Erwerb* des Eigentums, bzw. des neuen Pfandrechtes sich nur auf Art. 306 HGB. gründet, als auch dann, wenn der veräußernde oder verpfändende Kaufmann *Eigentümer* der mit fremden Rechten belasteten Sache war.[21] Der zweite Rechtssatz ist kein selbstverständlicher Folgesatz des ersten.[22] Er ließe sich auch aus diesem nicht im Wege eines arg. a maiori ad minus ableiten[23], auch nicht mit Sicherheit im Wege der Analogie.[24] Man müßte es nämlich nicht unbedingt als eine Folgewidrigkeit des Gesetzgebers bezeichnen, wenn im Falle der Veräußerung oder Verpfändung durch einen Kaufmann der redliche Erwerber oder Pfandnehmer zwar Eigentum, bzw. Pfandrecht erwirbt, aber nicht gegen ein ihm unbekanntes ius in re aliena geschützt wird. Man könnte ja vielleicht diese Rechtslage mit der Erwägung rechtfertigen, daß der Dritte, wenn er sich auch darauf verlassen darf, daß ein Kaufmann bloß *seine* Sachen veräußert oder verpfändet, doch mit der Möglichkeit einer Vorbelastung der veräußerten oder verpfändeten Sache, z. B. durch ein richterliches oder gesetzliches Pfandrecht, rechnen muß. Der Gesetzgeber aber, der den ersten der beiden Rechtssätze des Art. 306, wenngleich nur diesen ersten, auch für den Fall — und zwar ohne eine dem letzten Absatz des Art. 306 entsprechende Beschränkung — ausgesprochen hat, daß der Veräußerer oder Verpfänder zwar kein Kaufmann im Sinne des HGB., aber ein „zu diesem Verkehr befugter Gewerbsmann“ war (§§ 367, 456 ABGB.), kann unmöglich wollen, daß in diesem Falle nicht auch der zweite Rechtssatz des Art. 306 HGB. gilt. Der Schutz des redlichen Erwerbes von einem Kaufmann und der des redlichen Erwerbes von einem befugten Gewerbsmann entspringt ja demselben rechtspolitischen Gedanken, nämlich dem favor commercialis.[25] Mit der Annahme, daß das Gesetz den Schutz des einen Erwerbes inhaltlich nicht gerade soweit ausdehnt, wie den Schutz des anderen, würde man dem Gesetzgeber eine ganz unverständliche Inkonsequenz zumuten. Der überwiegend

---

[21] HAUSER, Arch. f. Wechsel- und Handelsrecht, 16, 298.

[22] HAHN, § 6 zu Art. 306; anders RANDA: Das Eigentumsrecht,[2] S. 365 IV N. 56.

[23] KRASNOPOLSKI: Schutz des redlichen Verkehrs, S. 3; anders EHRENZWEIG, § 291, I 8 und KLANG in seinem Kommentar, I 2 S. 78.

[24] Vgl. hiezu HAHN a. a. O.

[25] Vgl. OFNER, II S. 374.

anerkannte,[26] wenn auch nicht unbestrittene[27] und sehr verschieden begründete Rechtssatz, daß in den Fällen der §§ 367 und 456 ABGB. der redliche Erwerber, bzw. Pfandnehmer auch gegen ihm unbekannte ältere Pfandrechte geschützt ist, läßt sich daher für den zweiten Fall des § 367 (§ 456), nämlich den Fall der Veräußerung oder Verpfändung durch einen „befugten Gewerbsmann“ jedenfalls im Wege einer Analogie aus Art. 306 HGB. ableiten.[28] Aber weder das Schrifttum noch die Rechtssprechung[29] hat bei der Begründung des erwähnten Rechtssatzes zu dieser doch so naheliegenden Analogie gegriffen.[30]

---

[26] Jetzt auch im Jud. vom 15. Juni 1915, N. 267 (GlUNF. 7484): „Gegen den gutgläubigen (§ 367 ABGB.) Erwerber einer verpfändeten Sache findet die Pfandklage (§ 466) nicht statt.“

[27] S. über Rechtssprechung und Schrifttum: Ehrenzweig, § 291 N. 28, Klang a. a. O. und Begründung zu dem oben erwähnten Judikat (N. 1 u. 2).

[28] Im Texte wurde in Übereinstimmung mit der herrschenden Lehre (s. aber Ernst Demelius: Pfandrecht 355) vorausgesetzt, daß sich die Vorschrift des § 456 überhaupt auch auf den zweiten Fall — der erste kommt selbstverständlich für die Verpfändung nicht in Betracht — des § 367 beziehe.

[29] Auch nicht in dem oben angeführten Judikate. In dem — nicht ganz verständlichen — Hinweis auf den *zweiten* Absatz des Art. 306 (GlUNF. 7484 S. 659) kann man nach dem Zusammenhange kaum die Absicht erblicken, den ausgesprochenen Rechtssatz auch mit einer Analogie aus Art. 306, u. zw. aus dessen *ersten* Absatz — nur dieser kann in Betracht kommen — zu begründen.

[30] Das mag auf eine Abneigung gegen die analoge Anwendung des Handelsrechtes auf Nichthandelssachen, vielleicht aber auch darauf zurückzuführen sein, daß bei der Erörterung der im Texte erwähnten Streitfrage gewöhnlich nur an den dritten Fall des § 367 gedacht wurde.

Manzsche Buchdruckerei, Wien IX.

GPSR Compliance

The European Union's (EU) General Product Safety Regulation (GPSR) is a set of rules that requires consumer products to be safe and our obligations to ensure this.

If you have any concerns about our products, you can contact us on ProductSafety@springernature.com

In case Publisher is established outside the EU, the EU authorized representative is:

Springer Nature Customer Service Center GmbH
Europaplatz 3
69115 Heidelberg, Germany

Batch number: 10815974

Printed by Printforce, the Netherlands